MOJANG

MINECRAFT

마인크래프트 네더와 엔드 가이드

First published in Great Britain in 2017 by Farshore
An imprint of HarperCollinsPublishers
1 London Bridge Street, London SE1 9GF
www.farshore.co.uk

Written by Stephanie Milton
Additional material by Owen Jones and Marsh Davies
Designed by Andrea Philpots, Joe Bolder and John Stuckey
Illustrations by Ryan Marsh and James Bale
Cover designed by John Stuckey
Production by Louis Harvey
Special thanks to Lydia Winters, Owen Jones, Junkboy,
Martin Johansson, Marsh Davies and Jesper Öqvist.

This edition is published by arrangement with Farshore
through Kids Mind Agency, Korea

MOJANG
STUDIOS

1판 4쇄 2022년 9월 15일

ISBN 978-89-314-5651-6

발행인 김길수
발행처 (주)영진닷컴
주 소 서울특별시 금천구 가산디지털1로 128 STX-V타워 4층 401호
등 록 2007. 4. 27. 제16-4189호

Staff 번역 이주안 / 진행 김태경 / 편집 김효정

마인크래프트

네더와 엔드 가이드

차례

1. 네더

2. 엔드

소개

용감한 모험가분, 똑똑한 공예가분 그리고 이 세상을 떠돌아다니는 여러분, 환영합니다.
마인크래프트 오버월드 속 잔디 평원과 울퉁불퉁한 산에서 발견된 어떤 것들보다도
더 값진 것을 얻을 수 있는 도전을 시작할 준비가 되셨나요?
이 책에서는 용암 호수와 어두운 동굴이 있는 네더의 비밀과 흐릿한 섬이 공허에 떠 있는
엔드의 이상한 사실들을 파헤쳐 볼 것입니다. 여러분이 세상의 가장 먼 곳까지 가면서
마주치게 될 가스트와 셜커 같은 적을 상대하는 법도 알아볼 것입니다.
포탈을 통과하기 전에 반드시 이 책을 챙기세요.
그럼 행운을 빕니다!

마시 데이비스(Marsh Davies)
모장(Mojang) 팀

기호

이 책에서는 다양한 아이템과 가치 또는 속성을 나타내는 여러 기호를 볼 수 있습니다. 기호들이 무엇을 의미하는지 궁금할 때는 이 페이지를 읽어보세요.

일반

모장의 말

여기서 소개하는 내용은 모장(Mojang) 의 개발자들이 직접 소개하는 독점적인 정보입니다.

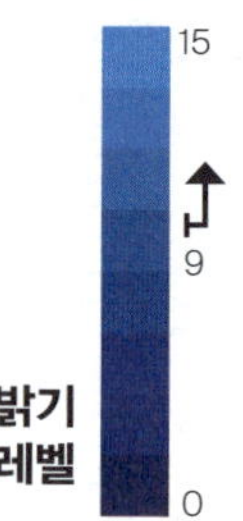

밝기 레벨

몹이 생성되기 위한 밝기를 나타냅니다. 이 예에서는 밝기 레벨이 9 이상인 곳에서 몹이 생성됨을 나타냅니다.

적대성

몹의 적대성을 나타냅니다. 노란색은 수동, 오렌지색은 중립, 빨간색은 적대를 나타냅니다.

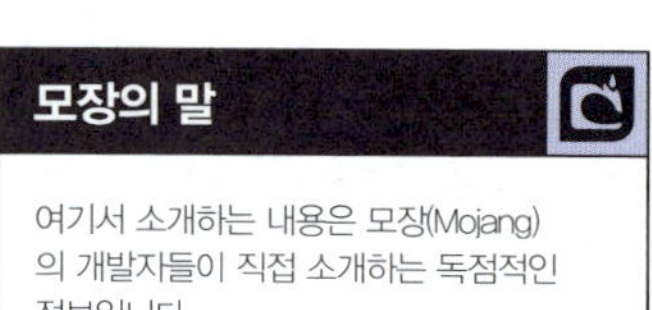

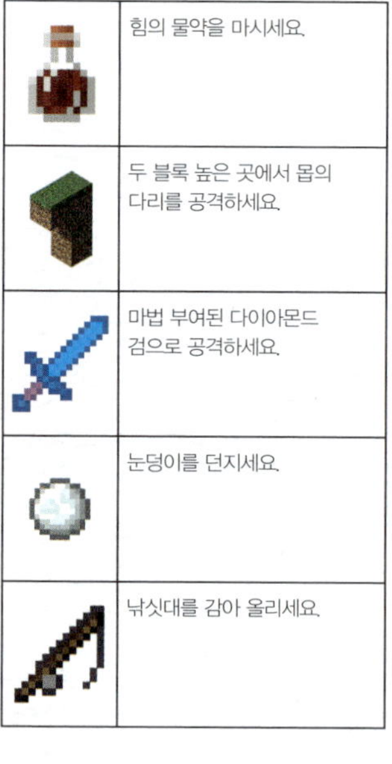

	방패로 발사체를 막으세요.
	검으로 발사체를 막으세요.
	횃불 5개로 몹의 생성을 막으세요.
	화염 저항의 물약을 마시세요.
	즉시 회복의 물약을 마시세요.

	힘의 물약을 마시세요.
	두 블록 높은 곳에서 몹의 다리를 공격하세요.
	마법 부여된 다이아몬드 검으로 공격하세요.
	눈덩이를 던지세요.
	낚싯대를 감아 올리세요.

	마법 부여된 활과 화살로 쏘세요.
	블록 2개 높이의 탑 위에 서서 검으로 공격하세요.
	블록 3개 높이의 탑 위에 서서 검으로 공격하세요.
	투척용 회복의 물약을 던지세요.
	침대를 설치하고 빠르게 뒤로 물러나 폭발을 피하세요.

블레이즈 가루	유리	호박
블레이즈 막대기	발광석 가루	레드스톤
뼈	금괴	레드스톤 횃불
그릇	황금 조각	썩은 고기
석탄	황금 검	모래
조약돌	화약	셜커 껍데기
코코아 콩	철괴	슬라임볼
다이아몬드	마그마 크림	막대기
드래곤 알	우유	돌
달걀	버섯 (갈색)	돌 압력판
엔더 진주	버섯 (빨간색)	실
경험치	네더 벽돌	설탕
엔더의 눈	네더 석영	나무 판자
깃털	네더의 별	나무 반 블록
부싯돌	흑요석	밀
가스트 눈물	튀긴 후렴과	위더 스켈레톤 해골

1

네더

오버월드의 푸른 언덕과 우거진 숲과는 다르게 네더는 환경이 극적으로 변화합니다. 이번 장에서는 네더 포탈 너머에서 무엇이 여러분을 기다리고 있는지, 어떻게 하면 네더에 사는 위험한 몹들을 물리칠 수 있는지 그리고 어디에서 귀한 블록과 아이템을 찾을 수 있는지 알아볼 것입니다.

네더의 환경

네더는 일부가 용암에 잠겨 있고, 지금까지 보지 못했던 다섯 종류의 몹들이 살고 있는 아주 위험한 세계입니다. 하지만 네더는 여러분이 성장하고 발전하는데 필요한 수많은 유용한 자원이 있는 곳입니다. 네더의 환경을 살펴봅시다.

1 네더의 지형은 대부분 네더랙으로 이루어져 있습니다. 네더랙에 붙은 불은 영원히 꺼지지 않습니다.

2 네더의 지형은 거대한 용암 바다로 둘러싸여 있습니다. 천장에서 용암 폭포가 흘러나오는데, 네더랙 뒤에는 많은 양의 용암이 숨어있으므로 네더에서의 채굴은 위험합니다.

3 네더에서 오버월드의 광석을 찾을 수는 없지만, 네더 석영 원석은 쉽게 찾을 수 있습니다. 곡괭이로 네더 석영 원석을 채굴하면 네더 석영뿐만 아니라 경험치도 얻을 수 있습니다.

4 네더의 곳곳에서 영혼 모래를 볼 수 있습니다. 영혼 모래 위를 걸으면 몸이 약간 가라앉고 걸음이 느려집니다. 네더 사마귀 (네더 와트)를 키우려면 영혼 모래가 필요합니다.

5 마그마 블록은 용암 바다 근처에서 흔히 볼 수 있는데, 마그마 블록 위를 걸으면 화상을 입게 됩니다. 마그마 블록은 곡괭이로 캘 수 있습니다.

6 일반적으로 버섯은 땅에서 발견됩니다. 식량이 떨어졌을 때 버섯과 그릇으로 버섯 스튜를 만들 수 있습니다.

7 부싯돌을 얻을 수 있는 자갈을 가끔씩 볼 수 있을 것입니다. 네더랙 천장에는 서바이벌 모드에서 통과할 수 없는 기반암 층이 숨겨져 있습니다.

8 네더의 천장에는 발광석이 매달려 있습니다. 발광석을 캐면 블록이 부서지면서 발광석 가루가 떨어집니다. 발광석 가루는 분광 화살과 폭죽 탄약을 제작하는 데 필요합니다. 4개의 발광석 가루로 발광석 블록을 제작할 수 있습니다.

9 네더의 맨 밑에는 서바이벌 모드에서 부술 수 없는 또 다른 기반암 층이 있습니다.

10 네더 요새는 네더 벽돌로 지어진 거대한 구조물로 꽤 흔하게 볼 수 있습니다. 네더 요새 안에는 흥미로운 것들이 들어있는 전리품 상자와 블레이즈 생성기가 있습니다. 네더 요새에 대한 자세한 정보는 34–35쪽을 참고하세요.

네더의 한 블록은 오버월드의 여덟 블록과 같습니다. 이를 이용해서 네더를 지름길로 사용할 수 있습니다.

일부 아이템은 네더에서 작동하지 않습니다. 침대를 설치할 수는 있지만 자려고 하면 폭발 때문에 깜짝 놀랄 것입니다. 지도도 작동하지 않고, 가마솥을 제외하고는 어디에도 물을 놓을 수 없습니다.

네더의 블록과 쓰임새

네더의 수많은 위험을 헤쳐 나가고 네더의 특별한 아이템을 수집할 수 있는 숙련자분들을 위해, 네더에서 획득한 전리품을 오버월드에서 잘 활용하는 몇 가지 방법을 소개합니다.

네더랙

네더랙은 무한하게 타오르는 능력을 갖고 있어 벽난로를 만드는 데 사용할 수 있습니다. 또한 여러분을 공격하려는 플레이어를 막는 용도로도 사용할 수 있습니다.

발광석

발광석의 밝기 레벨은 가장 밝은 15로 조명기구로 사용하기에 좋은 블록입니다.

영혼 모래

영혼 모래(소울 샌드)는 엔더마이트(엔더진드기)와 좀벌레 함정을 만드는 데 사용할 수 있습니다. 영혼 모래의 작은 크기 때문에 엔더마이트와 좀벌레는 질식하게 됩니다. 또한 영혼 모래는 물약을 만드는 데 중요한 재료인 네더 사마귀를 키우기 위해 사용되며, 마인크래프트의 보스 몹 중 하나인 위더를 만들 때도 필요합니다.

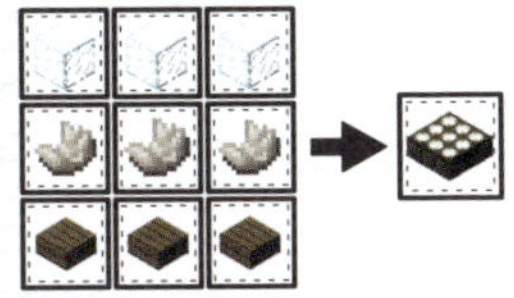

위더 생성 배치

네더 벽돌

네더 벽돌은 조약돌과 비슷한 내구성을 가졌지만 훨씬 우아하고 극적으로 보입니다. 네더 벽돌은 기지를 짓기 위한 훌륭한 건축 재료입니다.

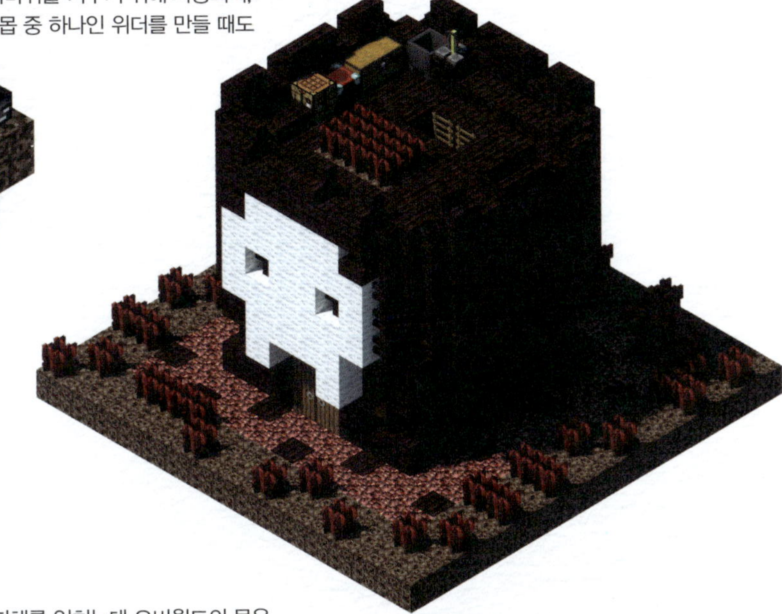

마그마 블록

마그마 블록은 화염 피해를 입히는데 오버월드의 몹은 화염 피해의 영향을 받기 때문에, 오버월드 기지의 방어와 함정에 사용하면 좋습니다.

네더 석영

네더 석영은 몇몇 레드스톤 아이템이나 석영 장식 블록을 만드는 데 사용할 수 있습니다. 조약돌과 네더 벽돌의 폭발 저항이 30인 것에 반해, 석영 블록은 폭발 저항이 4이므로 건물 전체를 짓는 데 사용하기보다는 세부적인 디테일을 살리는 데 사용하면 좋습니다.

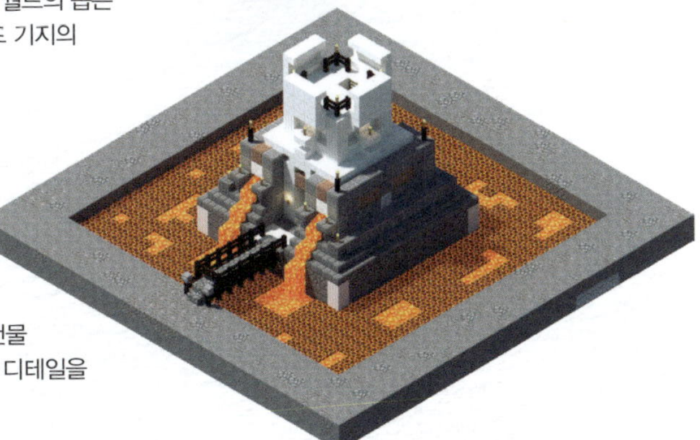

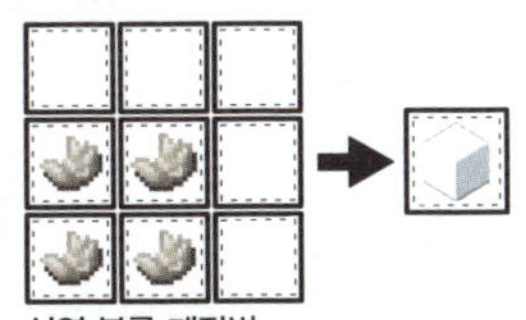

햇빛 감지기 제작법

레드스톤 비교기 제작법

석영 블록 제작법

네더로 여행을 가기 위한 준비

이제 네더로 여행을 갈 필요가 있다고 확신이 드셨나요? 유용한 아이템으로 가득 찬 보관함을 만들고 싶다면 적절한 장비로 무장해야 합니다. 여기에 여러분이 해야 할 일들을 적은 완벽한 가이드를 제시합니다.

무기와 방어 아이템

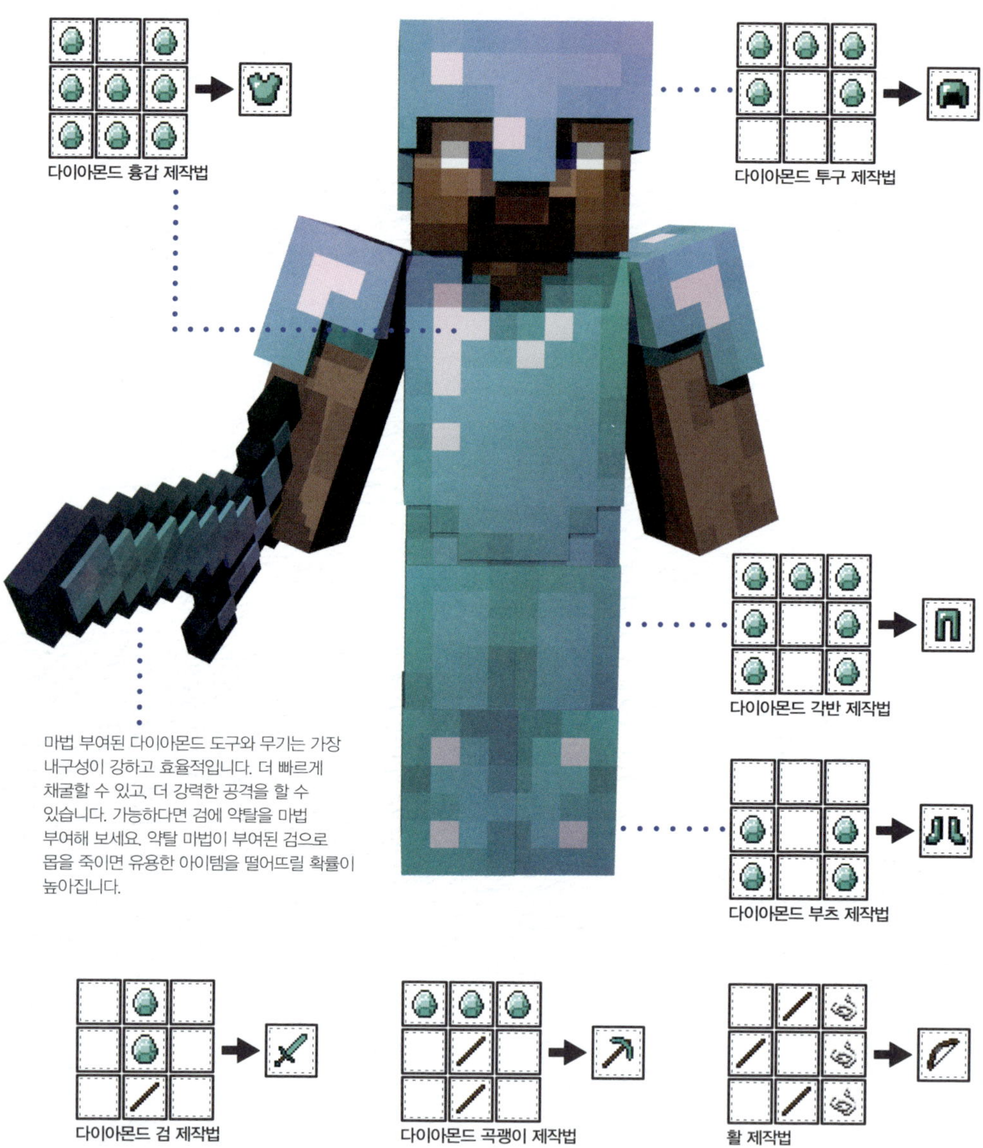

다이아몬드 흉갑 제작법

다이아몬드 투구 제작법

다이아몬드 각반 제작법

다이아몬드 부츠 제작법

마법 부여된 다이아몬드 도구와 무기는 가장 내구성이 강하고 효율적입니다. 더 빠르게 채굴할 수 있고, 더 강력한 공격을 할 수 있습니다. 가능하다면 검에 약탈을 마법 부여해 보세요. 약탈 마법이 부여된 검으로 몹을 죽이면 유용한 아이템을 떨어뜨릴 확률이 높아집니다.

다이아몬드 검 제작법

다이아몬드 곡괭이 제작법

활 제작법

눈덩이는 블레이즈에게 던질 때마다 3만큼의 피해를 주기 때문에, 블레이즈와 싸울 때 꼭 필요합니다. 눈 블록을 삽으로 캐면 눈덩이를 얻을 수 있습니다.

마법 부여된 다이아몬드 갑옷이 가장 안전합니다. 화염으로부터 보호와 폭발로부터 보호 마법 부여가 공격을 편하게 해줄 것입니다.

도움되는 물약을 마시면 피해를 줄여주고 체력을 유지해줍니다. 화염 저항과 즉시 회복 물약이 있으면 좋지만, 물약을 만들기 위해서는 먼저 양조를 준비해야 합니다. 마녀가 죽으면 가끔씩 물약을 떨어뜨리기도 합니다.

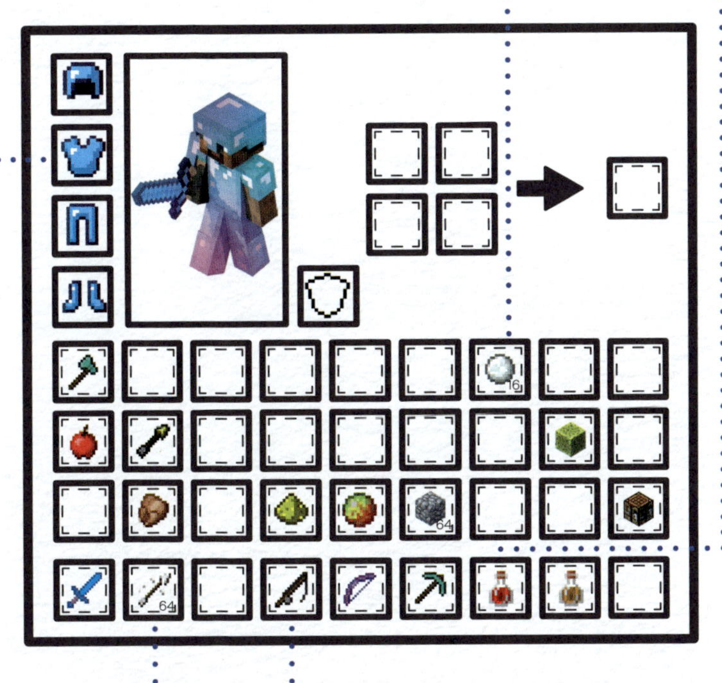

안전한 거리에서 적대적인 몹을 공격하려면 화살이 필요합니다. 물약이 묻은 화살이 공격할 때 좋지만, 물약이 묻은 화살을 만들려면 물약과 드래곤의 숨결로 만들 수 있는 잔류형 물약이 필요합니다.

가스트와 싸울 때는 낚싯대가 유용할 것입니다. 자세한 정보는 24-25쪽을 참고하세요.

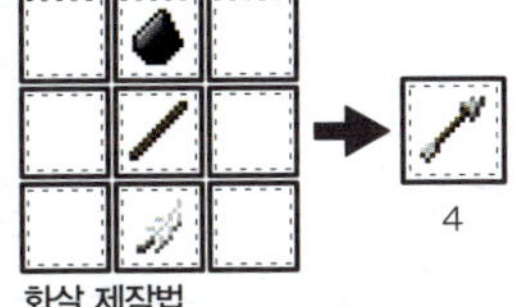

화살 제작법 — 4

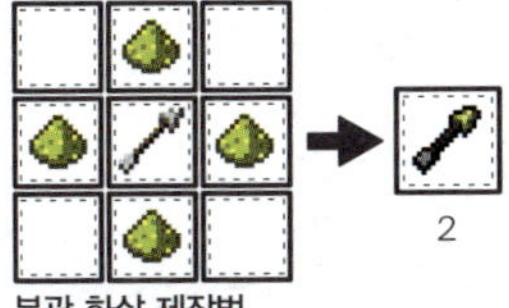

분광 화살 제작법 — 2

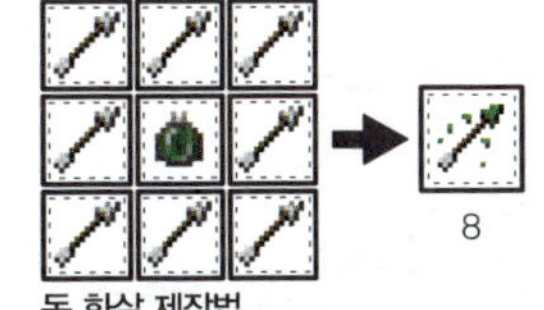

독 화살 제작법 — 8

다른 도구와 블록

1 가스트의 화염구로 인해 네더 포탈이 파괴될 확률이 매우 높습니다. 포탈을 다시 만들기 위한 여분의 흑요석과 라이터(부싯돌과 부시)를 챙기세요.

2 사다리는 네더의 수많은 절벽을 더 안전하게 갈 수 있도록 도와줍니다.

3 나무는 네더에 자연적으로 생성되지 않으므로 도구와 무기를 제작하기 위한 원목을 많이 챙기세요.

4 체력과 허기를 채우려면 스테이크 같은 양질의 음식이 많이 필요합니다.

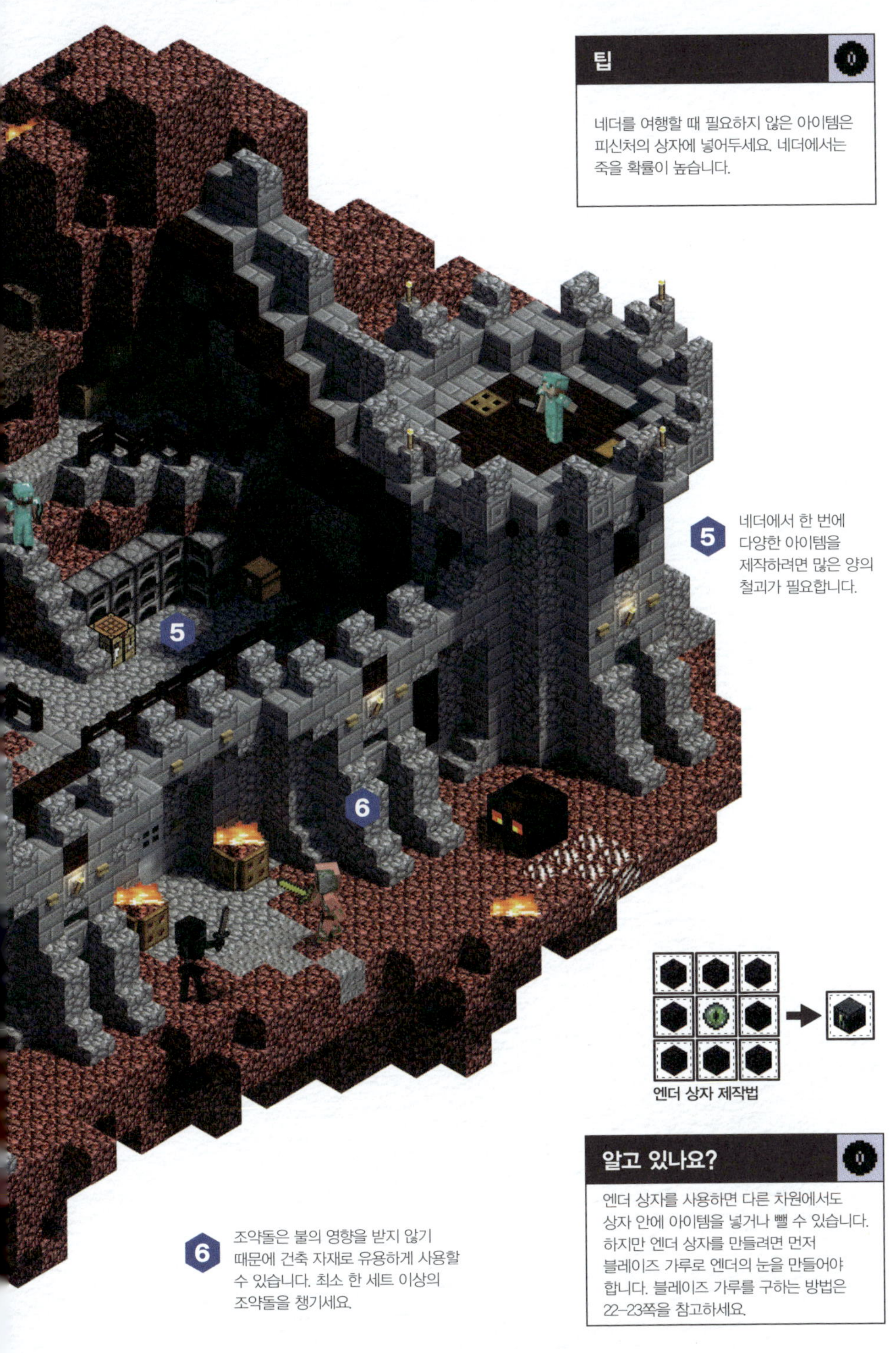

팁

네더를 여행할 때 필요하지 않은 아이템은
피신처의 상자에 넣어두세요. 네더에서는
죽을 확률이 높습니다.

5 네더에서 한 번에
다양한 아이템을
제작하려면 많은 양의
철괴가 필요합니다.

엔더 상자 제작법

알고 있나요?

엔더 상자를 사용하면 다른 차원에서도
상자 안에 아이템을 넣거나 뺄 수 있습니다.
하지만 엔더 상자를 만들려면 먼저
블레이즈 가루로 엔더의 눈을 만들어야
합니다. 블레이즈 가루를 구하는 방법은
22–23쪽을 참고하세요.

6 조약돌은 불의 영향을 받지 않기
때문에 건축 자재로 유용하게 사용할
수 있습니다. 최소 한 세트 이상의
조약돌을 챙기세요.

네더 포탈

오버월드와 네더를 잇는 차원문은 자연적으로 생성되지 않습니다. 네더로 가려면 직접 네더 포탈을 지어야 합니다. 네더 포탈이 활성화되어 있으면 두 차원을 이동할 수 있습니다. 최소한의 흑요석을 사용하여 일반적인 네더 포탈을 만드는 방법을 알아봅시다.

1 흑요석 10개를 모으세요. 흑요석은 주로 오버월드 밑에 있는 흐르는 물과 멈춘 용암이 만나는 곳에서 찾을 수 있습니다. 흑요석은 다이아몬드 곡괭이로만 채굴할 수 있습니다.

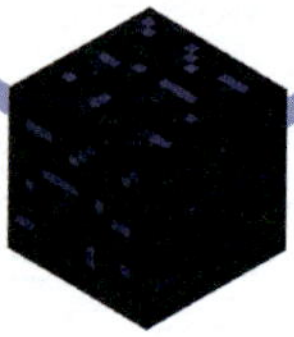

3 흑요석 10개를 다음과 같은 모양으로 설치하여 기본적인 포탈 프레임을 만드세요.

2 네더 포탈을 설치할 곳을 고려하세요. 기지에서 멀리 떨어진 곳에 세우는 게 좋습니다. 네더 포탈이 활성화되면 으스스한 소리를 냅니다. 또한, 좀비 피그맨은 네더 포탈을 타고 오버월드에 생성될 수도 있습니다.

알고 있나요?

대부분의 몹과 보트 그리고 마인카트 뿐만 아니라 아이템도 네더 포탈을 통과할 수 있습니다.

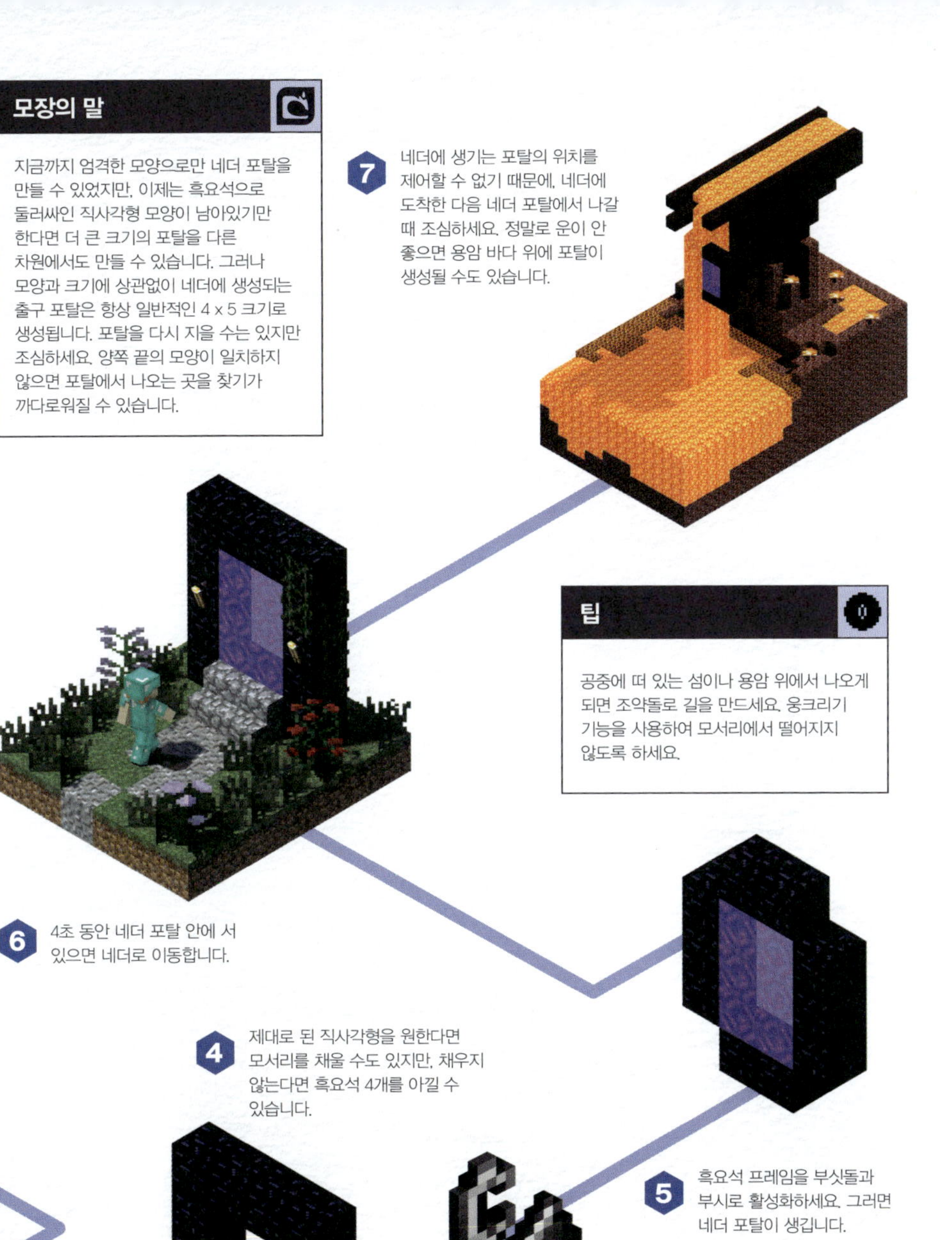

모장의 말

지금까지 엄격한 모양으로만 네더 포탈을
만들 수 있었지만, 이제는 흑요석으로
둘러싸인 직사각형 모양이 남아있기만
한다면 더 큰 크기의 포탈을 다른
차원에서도 만들 수 있습니다. 그러나
모양과 크기에 상관없이 네더에 생성되는
출구 포탈은 항상 일반적인 4 x 5 크기로
생성됩니다. 포탈을 다시 지을 수는 있지만
조심하세요. 양쪽 끝의 모양이 일치하지
않으면 포탈에서 나오는 곳을 찾기가
까다로워질 수 있습니다.

7 네더에 생기는 포탈의 위치를
제어할 수 없기 때문에, 네더에
도착한 다음 네더 포탈에서 나갈
때 조심하세요. 정말로 운이 안
좋으면 용암 바다 위에 포탈이
생성될 수도 있습니다.

팁

공중에 떠 있는 섬이나 용암 위에서 나오게
되면 조약돌로 길을 만드세요. 웅크리기
기능을 사용하여 모서리에서 떨어지지
않도록 하세요.

6 4초 동안 네더 포탈 안에 서
있으면 네더로 이동합니다.

4 제대로 된 직사각형을 원한다면
모서리를 채울 수도 있지만, 채우지
않는다면 흑요석 4개를 아낄 수
있습니다.

5 흑요석 프레임을 부싯돌과
부시로 활성화하세요. 그러면
네더 포탈이 생깁니다.

부싯돌과 부시 제작법

생존과 탐험

네더에서 생존하는 것은 쉬운 일이 아닙니다. 어디를 가나 용암과 위험한 절벽과 무서운 적대적인 몹이 있습니다. 그리고 지형에 여러 가지 특징이 없어 길을 잃기 매우 쉽습니다. 네더에서 살아남으며 계속 탐험하기 위해서 다음 단계를 따르세요.

1 조약돌과 철문으로 포탈 주변에 피신처를 지으세요. 나중에 네더 벽돌로 업그레이드할 수 있습니다. 조약돌과 네더 블록은 가스트의 화염구로부터 파괴되는 것을 막아줍니다.

2 피신처 안에 안전하게 들어갔으면 주변을 조사해서 몹, 용암으로 된 강, 절벽, 마그마 블록 같은 직접적으로 위험한 것이 있는지 확인하세요.

3 필요한 경우 더 많은 장비를 만들 수 있도록 피신처에 제작대와 상자를 만들어 두세요. 상자에 약간의 나무와 철괴도 넣어두세요.

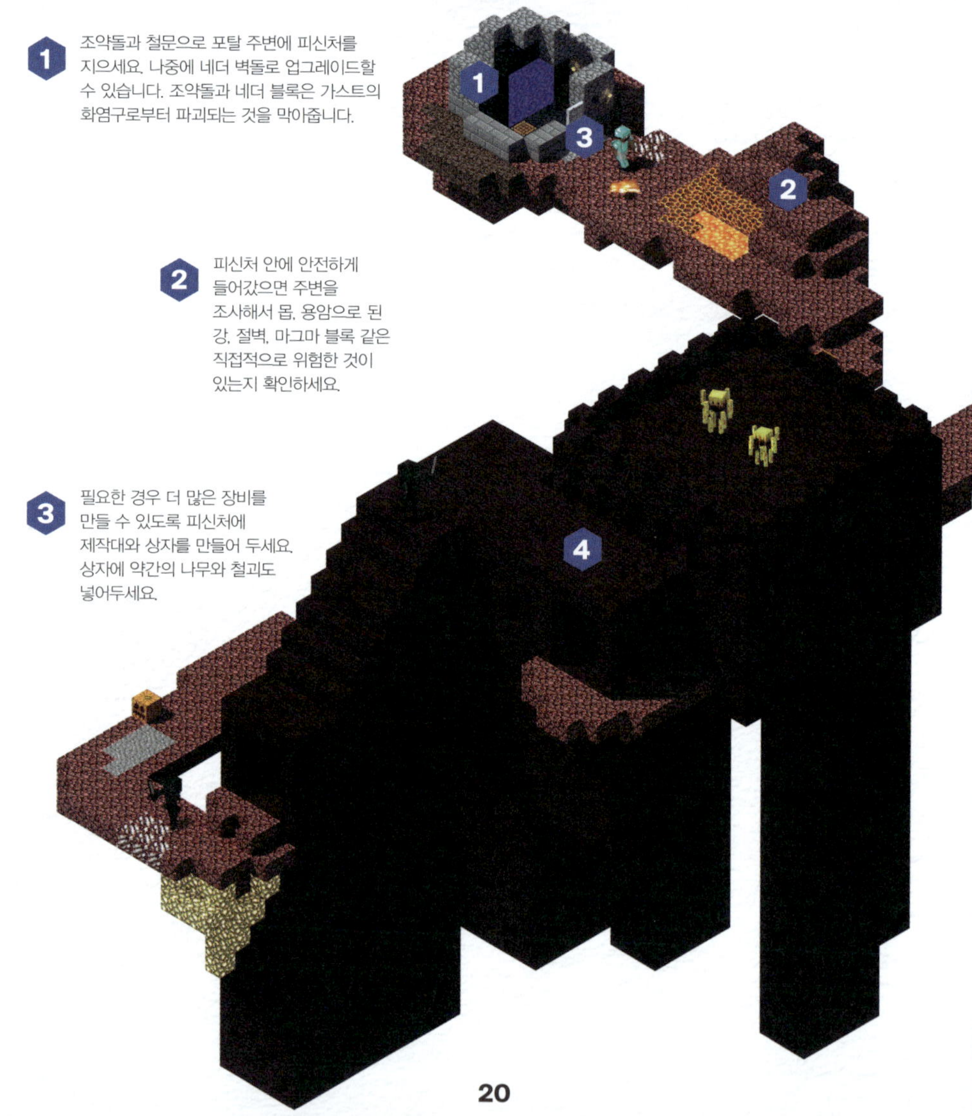

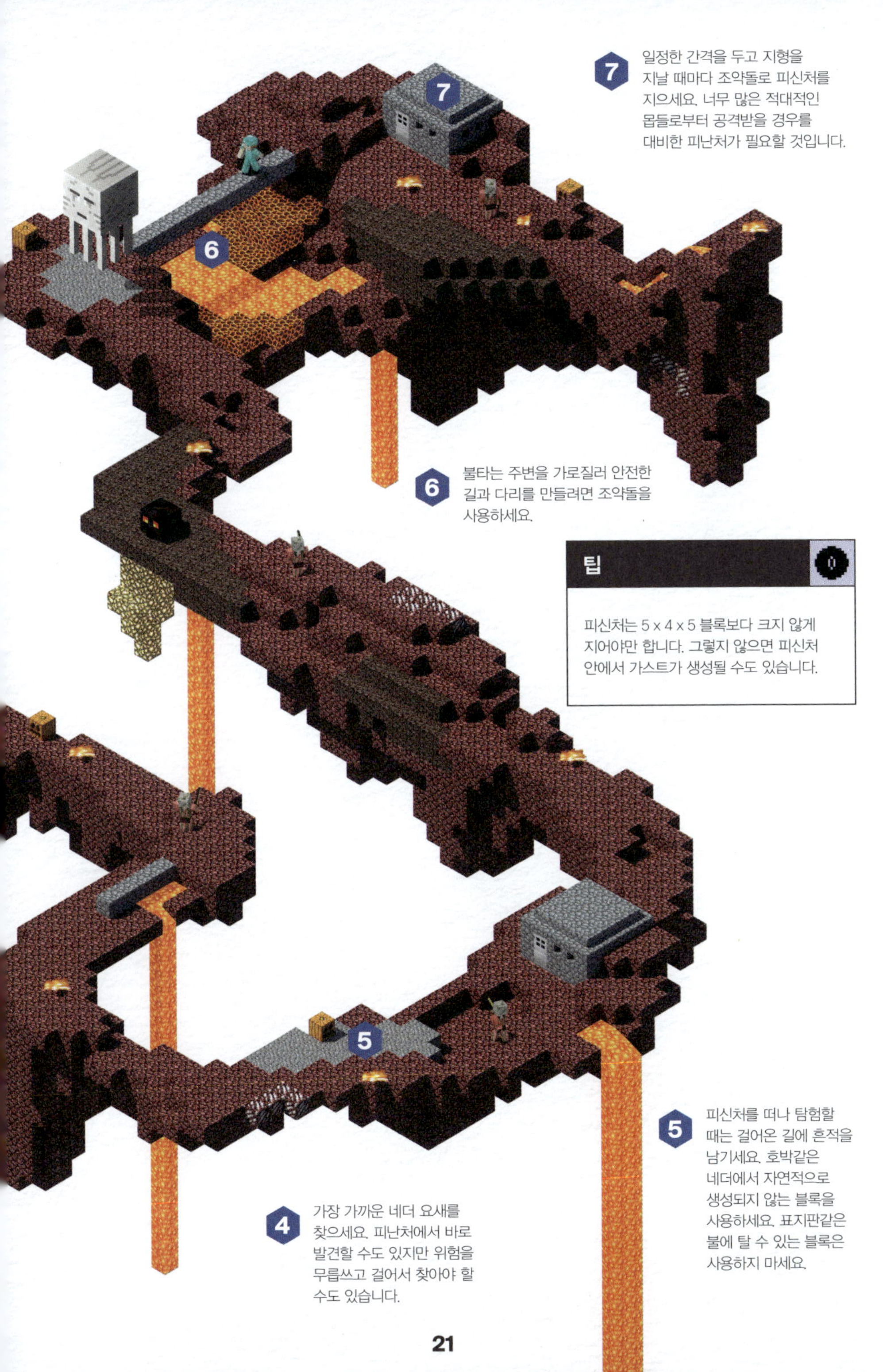

일정한 간격을 두고 지형을
지날 때마다 조약돌로 피신처를
지으세요. 너무 많은 적대적인
몹들로부터 공격받을 경우를
대비한 피난처가 필요할 것입니다.

7

불타는 주변을 가로질러 안전한
길과 다리를 만들려면 조약돌을
사용하세요.

6

팁

피신처는 5 x 4 x 5 블록보다 크지 않게
지어야만 합니다. 그렇지 않으면 피신처
안에서 가스트가 생성될 수도 있습니다.

피신처를 떠나 탐험할
때는 걸어온 길에 흔적을
남기세요. 호박같은
네더에서 자연적으로
생성되지 않는 블록을
사용하세요. 표지판같은
불에 탈 수 있는 블록은
사용하지 마세요.

5

가장 가까운 네더 요새를
찾으세요. 피난처에서 바로
발견할 수도 있지만 위험을
무릅쓰고 걸어서 찾아야 할
수도 있습니다.

4

네더에 사는 몹

네더에는 강력하고, 불의 영향을 받지 않는 적대적인 몹들이 득실거립니다. 적대적인 몹은 자신들의 영역에 무단 침입하는 것에 고마워하지 않습니다. 대부분의 몹들은 지형을 자유롭게 돌아다니고 있고, 몇몇 몹은 네더 요새 안에 계속 있는 것을 볼 수 있습니다. 그들을 물리치는 방법과 어떤 유용한 아이템을 떨구는지 알아봅시다.

블레이즈

체력	20
공격력	4-9
물리치는 방법	
떨구는 아이템	

0-1   10

생성 위치

밝기 레벨이 11 이하인 네더 요새 또는 네더 요새에 있는 몬스터 생성기에서 생성됩니다.

행동

블레이즈는 평상시에 지상 바로 위에 떠 있지만 공격할 대상을 찾으면 날아다닙니다. 움직이는 동안 연기를 내고, 블레이즈 주변에는 블레이즈 막대가 돕니다. 금속이 부딪히는 소리를 내서 플레이어에게 자신의 존재를 알립니다.

공격 방법

블레이즈는 48블록 내에 있는 플레이어를 쫓아가고
최대 16블록 떨어진 곳에서 플레이어에게 화염구를
던집니다. 화염구에 맞으면 피해를 입습니다.
블레이즈는 공격 대상이 2블록 이내에 있을 때
공격합니다.

특별한 기술

다른 네더의 몹처럼 블레이즈도 불과 용암의 영향을
받지 않으므로 근접 공격이 유리합니다. 플레이어에
의해 블레이즈가 피해를 입으면 48블록 이내에
있는 다른 블레이즈들이 바로 경계 태세로 변하고
플레이어에게 보복할 것입니다.

물리치는 방법

블레이즈와 싸울 때는 안전한 거리를 유지하는 게
좋습니다. 눈덩이를 던져 피해를 주거나 활로 화살을
쏘세요. 화염 저항의 물약을 마시고 가능한 한 빨리
블레이즈 생성기에 횃불 5개를 설치해서 생성기를
비활성화하세요. 심각한 상황에 놓였다면 검으로
블레이즈를 공격하세요.

유용한 떨구는 것들

블레이즈를 물리치면 블레이즈 막대를 떨굽니다.
블레이즈 막대는 양조기를 제작하는 데 필요합니다.
또한, 양조기에 연료를 공급하는 데에도 필요합니다.
연료로 쓰려면 먼저 블레이즈 가루로 만들어야
합니다. 블레이즈 가루는 엔더의 눈을 제작하는 데
필요합니다.

가스트

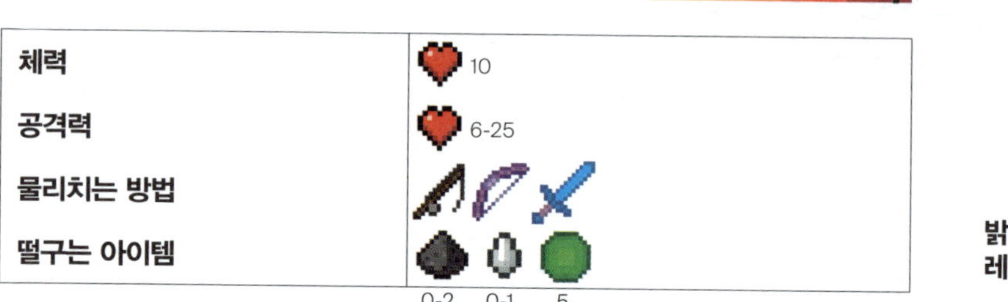

생성 위치

네더의 5×4×5 보다 넓은 공간에서 생성됩니다.

행동

가스트는 천천히 네더를 떠다닙니다. 평상시에는 눈과 입이 마치 잠자고 있는 것처럼 닫혀 있지만, 가스트는 언제나 16블록 내에 있는 공격 대상을 찾고 있습니다. 가스트는 때때로 이상하고 높은 소리를 냅니다.

공격 방법

가스트는 빨간 눈과 입이 열릴 때 공격을 한다는 것을
알게 될 것입니다. 화염구를 날릴 때 우는 듯한 소리를
냅니다. 가스트의 화염구는 무한하게 날라가고 공격
대상과 닿으면 피해를 입습니다.

특별한 기술

가스트는 가장 큰 몹들 중 하나입니다.
가스트의 몸 크기는 4×4×4 블록이고 아랫면에는
9개의 촉수가 달려 있습니다. 가스트는 탐색 반경이
매우 길어 최대 100블록 떨어진 곳에 있는 플레이어도
공격할 수 있습니다.

알고 있나요?

가스트의 화염구를 받아 쳐서 죽이면
'전해지지 않은 러브레터' 업적을
달성할 수 있습니다.

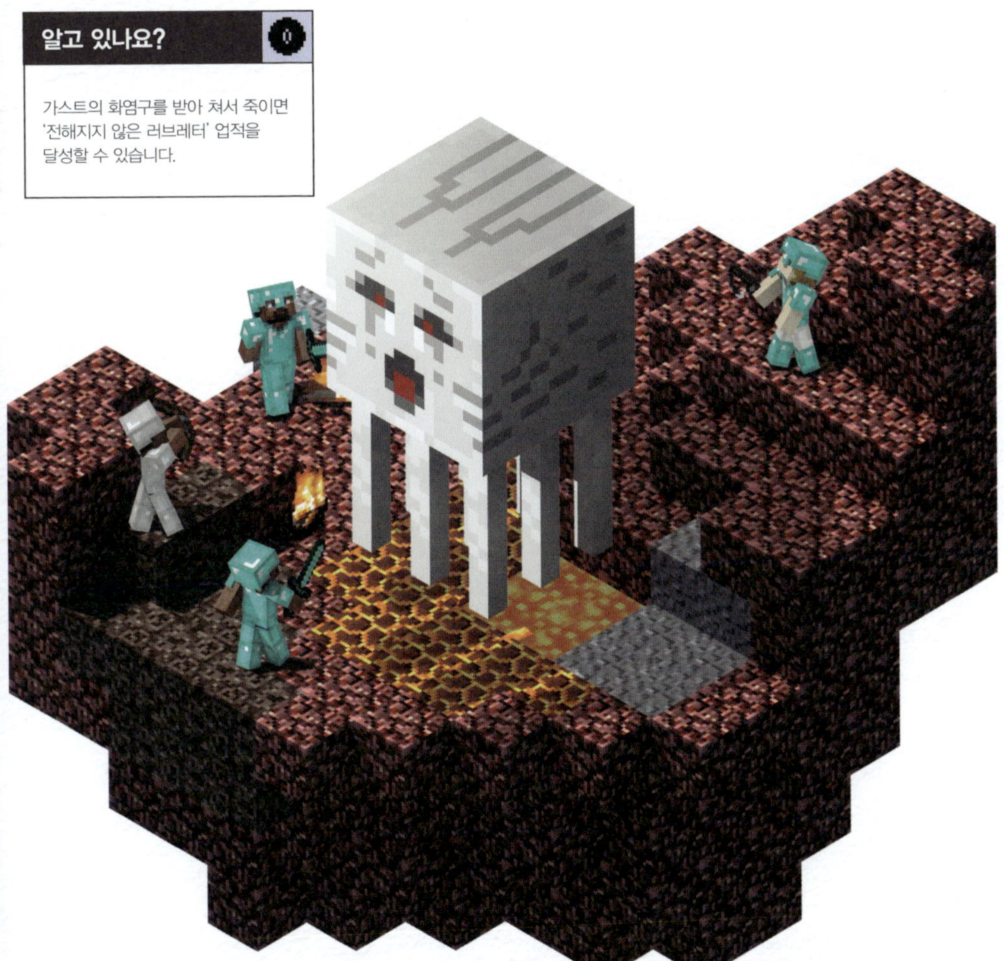

물리치는 방법

명중시키기를 잘한다면 가스트의 화염구를 검으로
받아치세요. 마법 부여된 활과 화살로 먼 거리에서
쏘거나, 낚싯대로 가스트를 데려온 후 검으로
공격하세요.

유용한 떨구는 것들

가스트는 TNT와 화염구를 만드는 데 필요한 화약을
최대 2개까지 떨어뜨립니다. 가스트는 가끔씩
가스트의 눈물 1개를 떨어뜨립니다. 가스트의 눈물은
평범한 물약과 재생의 물약 그리고 엔드 수정을
만드는 데 필요합니다.

마그마 큐브

적대성

체력	1-16
공격력	3-6
물리치는 방법	
떨구는 아이템	0-1 1-4

밝기 레벨 0 – 15

알고 있나요?

마그마 큐브는 큰 마그마 큐브, 작은 마그마 큐브, 매우 작은 마그마 큐브, 3가지 크기로 나뉩니다. 모든 마그마 큐브들은 큰 크기의 마그마 큐브에서 시작하지만 공격을 받으면 몇 개의 작은 큐브로 나뉘어지고, 죽기 전까지 더 작은 크기의 큐브로 나뉘어집니다.

행동

마그마 큐브는 네더의 모든 곳에서 생성되지만, 네더 요새에서 더 쉽게 찾을 수 있습니다. 평상시에는 주위를 뛰어다니면서 반경 16블록 내에 있는 공격할 플레이어를 찾습니다.

생성 위치

네더의 모든 곳에서 생성됩니다.

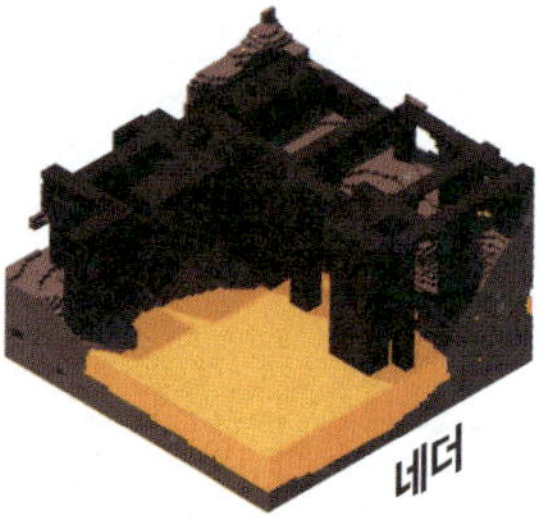

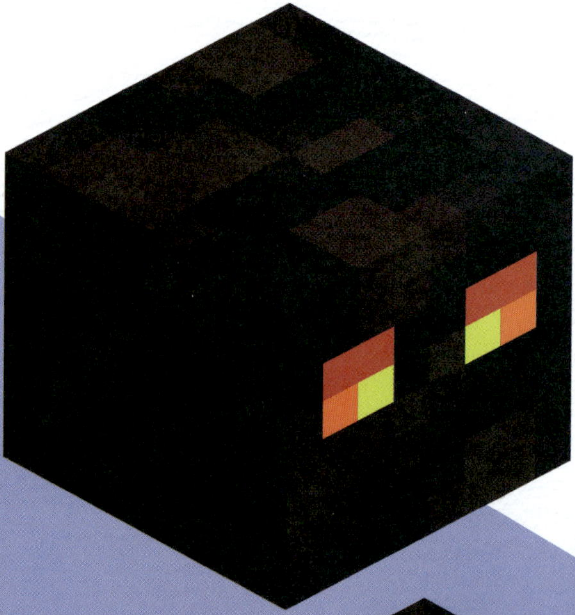

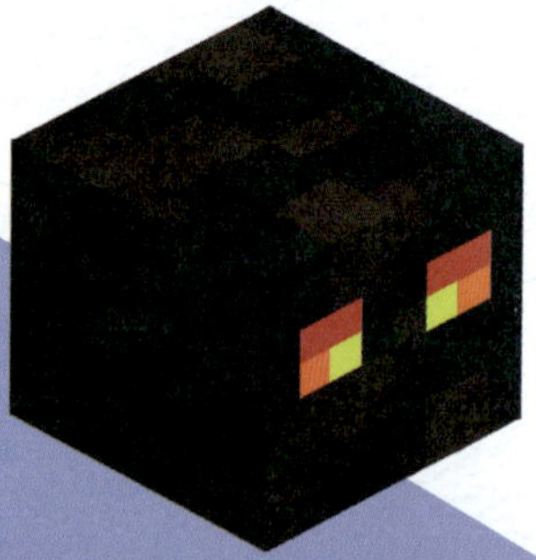

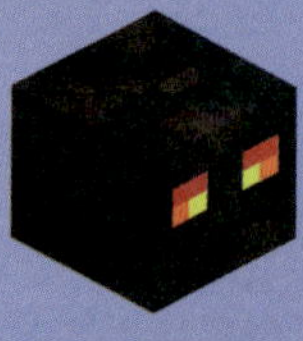

공격 방법

마그마 큐브와 닿는 것만으로도 다칠 수 있지만,
마그마 큐브는 공격 대상이 있는 쪽으로 튀어 올라
최대의 피해를 주기 위해 공격 대상 위에 착지하려고
시도합니다. 마그마 큐브가 작은 큐브로 나누어지면
점프력이 감소합니다.

특별한 기술

마그마 큐브는 불과 용암의 영향을 받지 않을뿐더러
용암에서는 빠르게 수영할 수 있습니다. 또한, 낙하
피해도 입지 않습니다. 마그마 큐브가 공격받으면
더 작은 크기의 큐브로 나누어질 수 있습니다. 작은
큐브는 대부분 몹보다 두 배 더 빠르게 이동합니다.

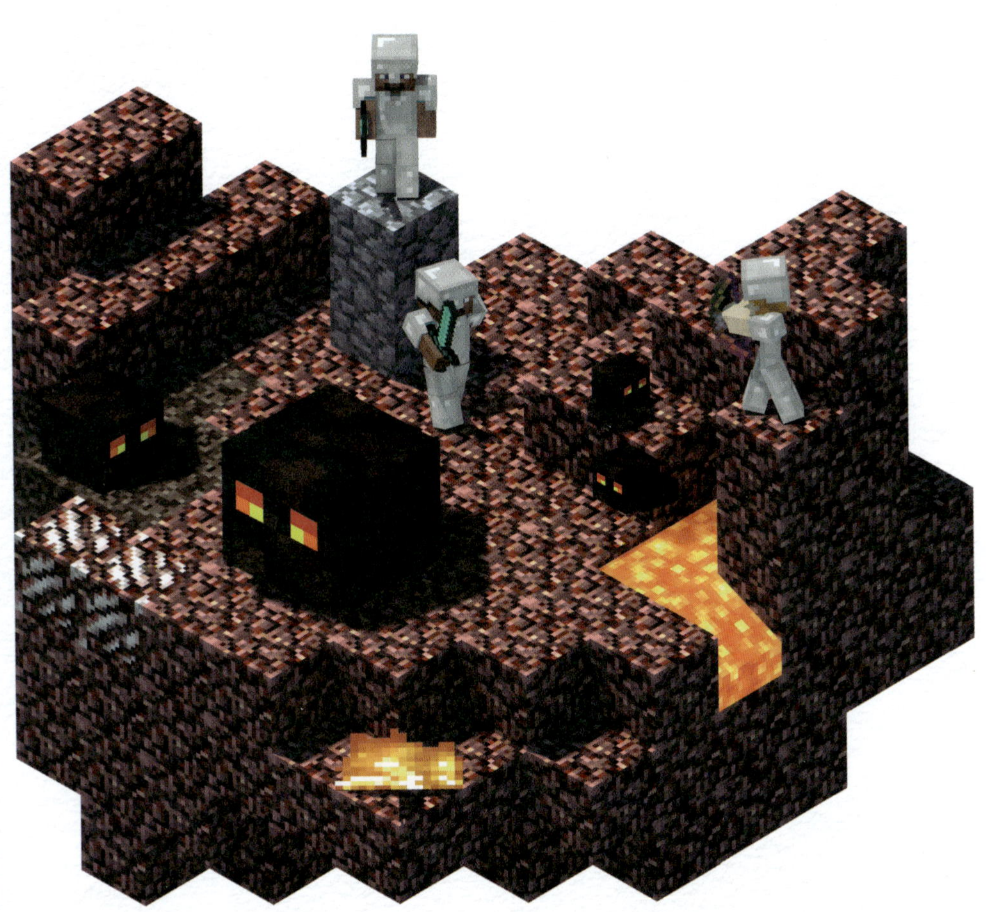

물리치는 방법

블록 2개 높이의 기둥 위에 서서 마그마 큐브를
다이아몬드 검으로 공격하세요. 그러면 마그마 큐브가
여러분을 덮치는 일을 예방할 수 있습니다. 활과
화살로 안전한 거리에서 공격할 수도 있습니다.

유용한 떨구는 것들

큰 마그마 큐브와 작은 마그마 큐브는 마그마 크림
1개를 25%의 확률로 떨어뜨립니다. 하지만 약탈 마법
부여된 검을 사용하면 이 확률을 늘릴 수 있습니다.
마그마 크림은 평범한 물약과 화염 저항의 물약
그리고 마그마 블록을 만드는 데 필요합니다.

위더 스켈레톤

체력	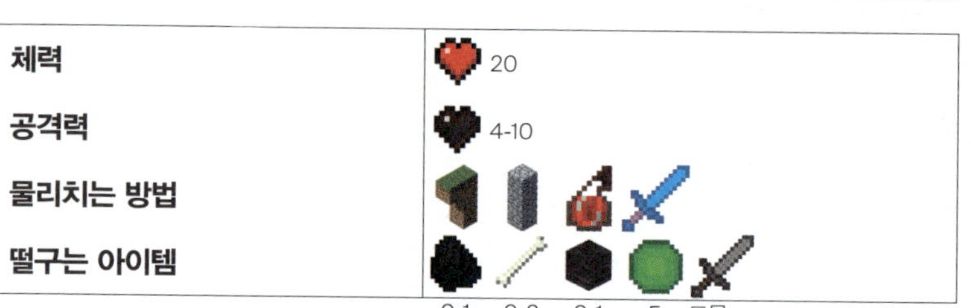 20				
공격력	4-10				
물리치는 방법					
떨구는 아이템					
	0-1	0-2	0-1	5	드묾

생성 위치

밝기 레벨 7 이하인
네더 요새에서
생성됩니다.

네더 요새

행동

위더 스켈레톤은 주변을 돌아다니면서
공격할 플레이어를 찾습니다. 공격하지
않을 때는 천천히 움직입니다.

알고 있나요?

할로윈이 되면 위더 스켈레톤은 호박이나
잭오랜턴을 머리에 쓰고 다닙니다.
하지만, 호박이나 잭오랜턴이 위더
스켈레톤의 공격력을 줄여주지는 않습니다.

모장의 말

위더 스켈레톤은 사실 Jens가 위더의
소환 의식을 어떻게 할지 고민하다가
생겨났습니다. 그는 도전해야만 소환
재료를 얻을 수 있도록 만들었습니다.
당연히 위더 스켈레톤은 자신들의 머리를
쉽게 내어주지는 않죠!

공격 방법

위더 스켈레톤은 플레이어를 향해 달려오고, 보이는
즉시 돌 검으로 공격합니다. 공격을 받으면 10초간
위더 효과를 받게 됩니다. 위더는 체력 바를 검게 하고
2초마다 1만큼의 체력을 깎습니다.

특별한 기술

위더 스켈레톤은 불과 용암의 영향을 받지 않습니다.
위더 스켈레톤은 땅에 놓여 있는 모든 무기와 갑옷을
집어들 수 있습니다. 다른 언데드 몹처럼 위더
스켈레톤도 고통의 물약을 마시면 체력이 회복되고,
즉시 회복의 물약을 마시면 고통을 받습니다.

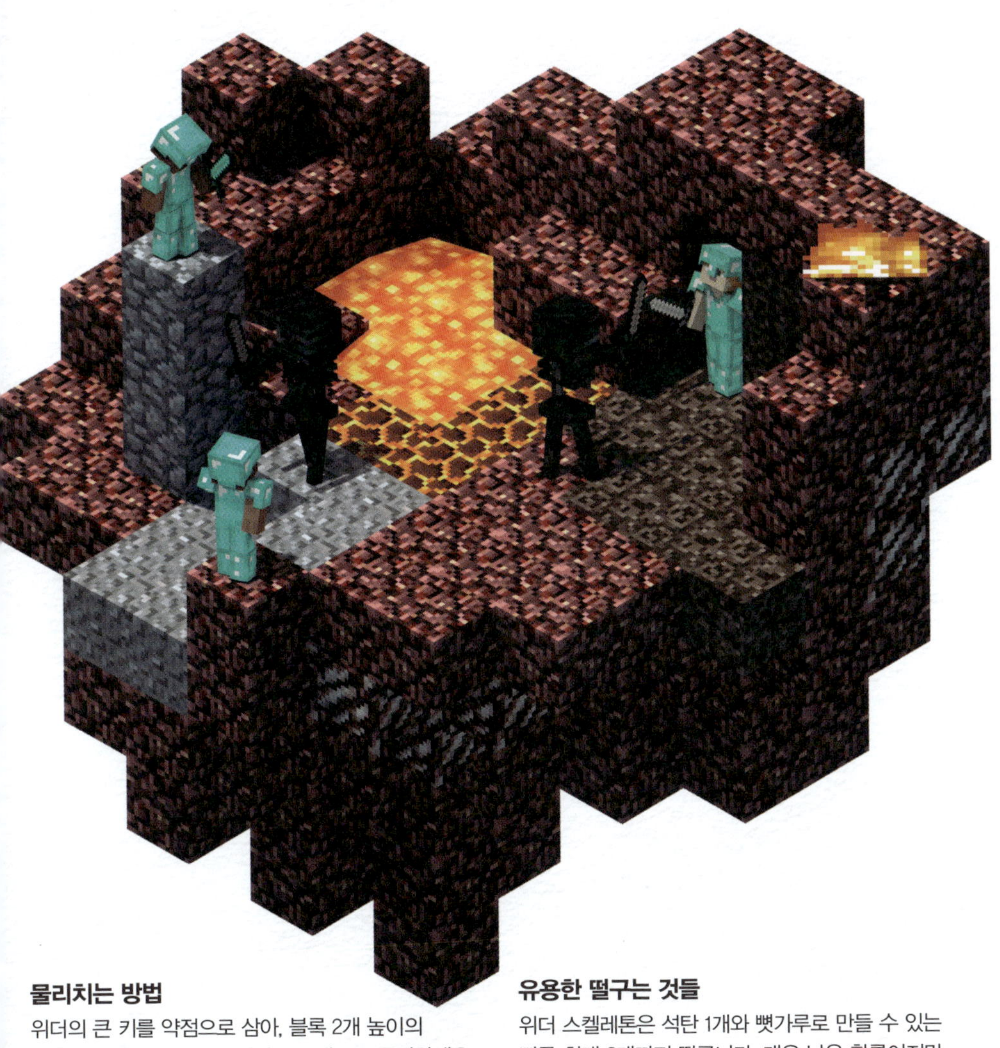

물리치는 방법

위더의 큰 키를 약점으로 삼아, 블록 2개 높이의
공간에서 마법 부여된 다이아몬드 검으로 공격하세요.
아니면 블록 3개 높이의 기둥 위에 서서 위에서
투척용 회복의 물약을 던지세요.

유용한 떨구는 것들

위더 스켈레톤은 석탄 1개와 뼛가루로 만들 수 있는
뼈를 최대 2개까지 떨굽니다. 매우 낮은 확률이지만
위더 스켈레톤 해골을 떨어뜨릴 수도 있습니다.
위더 보스를 소환하려면 위더 스켈레톤 해골 3개가
필요합니다. 자세한 정보는 32–33쪽을 참고하세요.
그리고 가끔씩 돌 검을 떨어뜨리기도 합니다.

좀비 피그맨

체력	 20
공격력	5-13
물리치는 방법	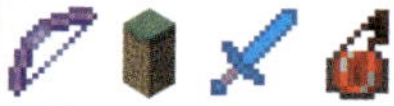
떨구는 아이템	 0-1 0-1 0-1 0-1 5

생성 위치

네더의 모든 곳에서 생성됩니다.

네더

네더 포탈

오버월드에서는 돼지로부터 4블록 안에 번개가 내리치면 생성됩니다.

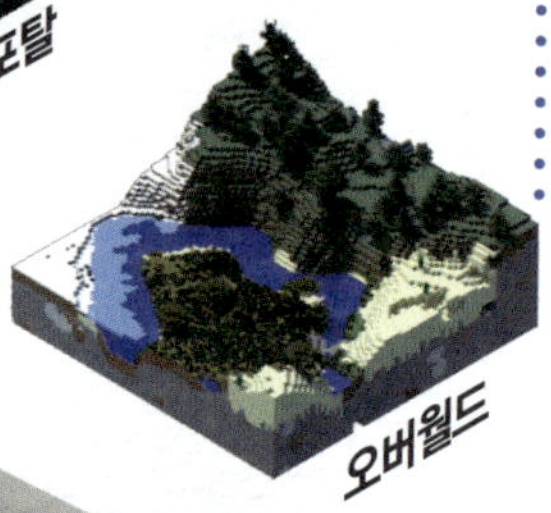

오버월드

행동

좀비 피그맨은 네더의 유일한 중립적인 몹입니다.
중립적일 때는 천천히 움직이고 플레이어가 먼저
공격하기 전까지는 공격하지 않습니다.
존재를 알릴 때 돼지 같은 소리를 냅니다.

공격 방법

좀비 피그맨은 공격받기 전까지 공격하지 않습니다.
여러분이 공격하면 주변에 있는 모든 좀비 피그맨들이
검으로 보복하러 올 것입니다. 적대적으로 변하면
이동 속도가 빨라지게 되어 순식간에 수많은 좀비
피그맨들에게 포위당하게 됩니다.

팁

아기 좀비 피그맨이 따라오는지
지켜보세요. 아기 좀비 피그맨은 일반적인
좀비 피그맨보다 빠릅니다.

특별한 기술

좀비 피그맨은 불과 용암의 영향을 받지 않으며,
무기와 아이템을 집어들 수 있는 능력을 가지고
있습니다. 5%의 확률로 아기 좀비 피그맨이 생성되고,
아기 좀비 피그맨의 5%의 확률로 피그맨 조키가
생성됩니다. 좀비 피그맨은 독의 영향을 받지
않습니다.

알고 있나요?

오버월드의 좀비처럼 좀비 피그맨은 나무
문을 두드리고, 난이도가 어려움일 때는
문을 부술 수 있습니다.

물리치는 방법

좀비 피그맨을 하나씩 죽이면 좀비 피그맨 무리에
포위당할 확률을 줄일 수 있습니다. 먼 거리에서 활과
화살로 공격하거나, 투척용 회복의 물약을 던지거나,
블록 2개 높이의 흙 기둥 위에 서서 위에서 검으로
공격하세요.

유용한 떨구는 것들

좀비 피그맨을 물리치면 썩은 고기를 떨어뜨립니다.
썩은 고기는 늑대를 번식시키거나 체력을 회복시키고,
데리고 다니는 데 사용할 수 있습니다. 좀비 피그맨은
제작에 사용할 수 있는 금 조각이나 금괴 또는 금 검을
떨어뜨리기도 합니다.
그 검은 마법 부여가 되어 있을 수도 있습니다.

위더

체력	 300
공격력	5-12
물리치는 방법	  
떨구는 아이템	

1   50

밝기
레벨

15

0

팁

눈사람은 위더와 싸울 때 동료가 되어줄
것입니다. 눈사람이 위더에게 눈덩이를
던져 위더의 공격을 방해해 줍니다. 승리를
위해 작은 눈사람 부대를 만들어보세요.

생성

플레이어는 영혼 모래 4개와 위더
스켈레톤 해골 3개로 위더를 소환할 수
있습니다. 위더를 소환하려면 반드시
위더 스켈레톤 해골을 마지막으로
배치하세요.

알고 있나요?

평화로움 모드일 때는 위더가 소환되지
않습니다. 배치한 블록은 놓인 채로 가만히
있습니다.

팁

마인크래프트의 그림들 중 하나에는 위더를
소환하는 법에 대한 단서가 있습니다.

행동

위더가 생성되면 파란색으로 깜빡거리면서 크기가
커지고 체력이 채워집니다. 이 단계에서 위더는 무적
상태이며 이동하거나 공격하지 않습니다. 이 과정이
끝나면 위더는 매우 큰 폭발을 일으켜 주변에 있는
모든 블록과 몹을 파괴합니다. 폭발이 일어난 후
위더는 공격을 시작합니다. 위더는 언데드 몹들
(스켈레톤, 좀비, 좀비 피그맨, 위더 스켈레톤, 허스크,
스트레이 그리고 다른 위더)을 제외하고 모든
플레이어와 몹에게 적대적입니다.

특별한 기술

위더는 불, 용암의 영향을 받지 않고 익사하거나
질식하지 않습니다. 위더의 체력은 엔더 드래곤보다
100 더 많은 300입니다.

공격 방법

위더 머리 3개 각각 발사되어 한 번에 3명의
플레이어나 몹을 공격합니다. 이 머리에 맞으면
플레이어는 지속적으로 체력이 깎이는 효과를
40초간 받게 됩니다.

물리치는 방법

파란색으로 깜빡거릴 때 뒤로 물러서 폭발 피해를
입지 않도록 하세요. 폭발한 후에는 힘과 즉시 회복의
물약을 마시면서 마법 부여된 활과 화살로 공격하세요.
위더도 다른 언데드 몹처럼 회복의 물약으로 피해를
입으므로, 투척용 회복의 물약을 던져 공격할 수
있습니다. 마법 부여된 다이아몬드 검으로도 공격할
수 있습니다.

유용한 떨구는 것들

위더를 격파하면 네더의 별 1개를 떨어뜨립니다.
네더의 별은 주울 때까지 땅 위에 남아있습니다.
신호기를 만들려면 네더의 별이 필요합니다. 신호기는
피라미드 위에 설치하면 버프 효과와 강력한 빛을
내뿜습니다. 자세한 내용은 75쪽을 참고하세요.

네더 요새

네더 요새는 Z축(남북)을 따라 자연적으로 생성되는 거대한 구조물입니다.
네더 요새는 네더 벽돌로 지어졌으며, 일부 장소는 네더랙 속에 파묻혀 있습니다.
네더 요새에서 적대적인 몹을 물리치고 길을 개척해 나갈 수 있다면 재료와 전리품을
얻을 수 있는 좋은 장소가 될 것입니다.

1 다리
요새 주변에는 다리 몇 개가
있습니다. 이 다리들 중 한 곳을
따라가면 요새 안으로 들어갈 수
있습니다.

2 발코니
외부에 있는 발코니는 주변에 있는 위험한 구역을
찾는데 유리한 곳입니다. 발코니에는 모서리에서
추락하는 것을 막기 위한 네더 벽돌 울타리가 쳐져
있습니다.

3 용암 우물 방
용암 우물 방은 작은 용암 우물
말고는 아무것도 없습니다. 이 방은
요새 입구나 외부에 있는 다리의
끝에서 발견할 수 있습니다.

4 복도
요새의 대부분은 복도로 이루어져
있습니다. 적대적인 몹들은 이 복도를
자유롭게 돌아다니고 어두침침하기
때문에 모퉁이를 돌 때 조심하세요.

5 전리품 상자
네더 요새의 복도 3곳 중 1곳에는
흑요석부터 다이아몬드 말 갑옷까지
다양한 아이템이 담긴 전리품
상자가 있습니다.

5

3

4

6 네더 사마귀 계단
물약 양조에 필요한 중요한 재료인 네더 사마귀는
계단 옆에 있는 영혼 모래 위에서 자라고 있습니다.

7 블레이즈 생성 방
블레이즈 생성기는 계단으로 올라갈 수 있는 높은
곳에 있습니다. 블레이즈 생성기는 규칙적으로
블레이즈를 생성하므로 최대한 빨리 생성기를
비활성화시켜야 합니다.

네더 요새 확장하기

기존에 있던 네더 요새의 구조물들을 활용하여 기지를 지을 수 있습니다. 그러려면 먼저 적대적인 몹을 제거하고, 몇 가지 방어 시설을 만들어야 합니다. 네더 요새를 안전하고 위협적인 요새로 만들려면 다음 단계를 따르세요.

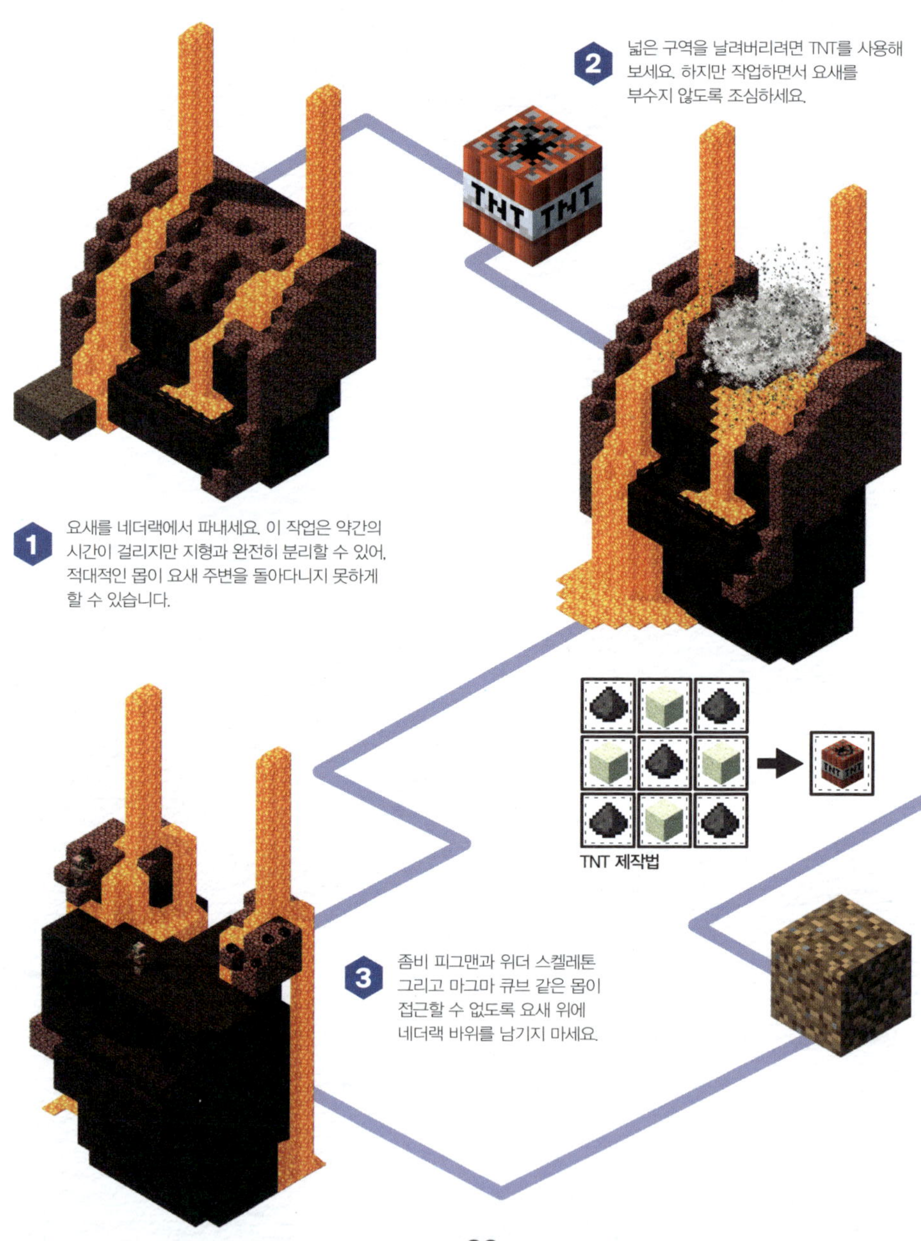

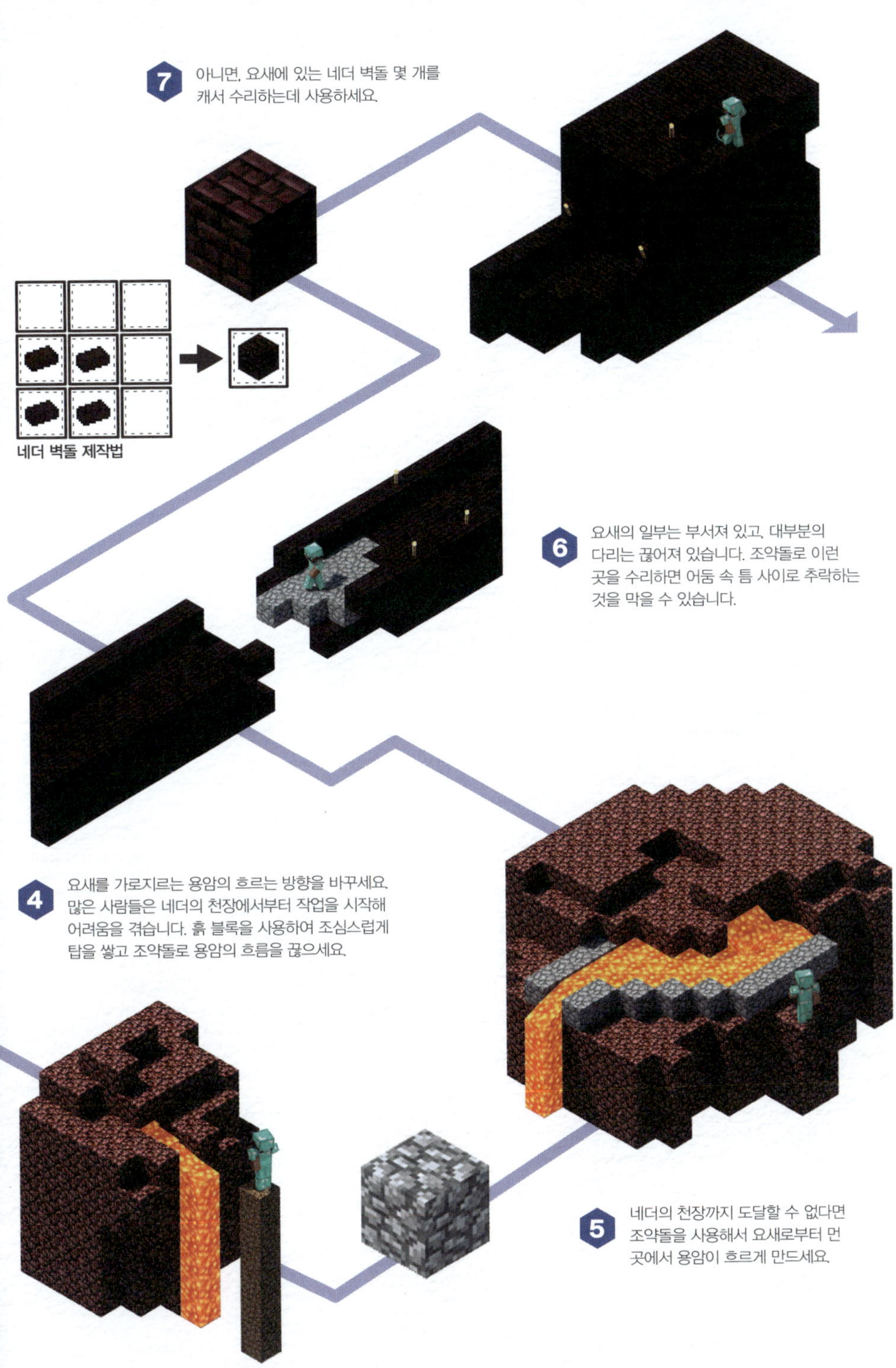

7
아니면, 요새에 있는 네더 벽돌 몇 개를
캐서 수리하는데 사용하세요.

네더 벽돌 제작법

6
요새의 일부는 부서져 있고, 대부분의
다리는 끊어져 있습니다. 조약돌로 이런
곳을 수리하면 어둠 속 틈 사이로 추락하는
것을 막을 수 있습니다.

4
요새를 가로지르는 용암의 흐르는 방향을 바꾸세요.
많은 사람들은 네더의 천장에서부터 작업을 시작해
어려움을 겪습니다. 흙 블록을 사용하여 조심스럽게
탑을 쌓고 조약돌로 용암의 흐름을 끊으세요.

5
네더의 천장까지 도달할 수 없다면
조약돌을 사용해서 요새로부터 먼
곳에서 용암이 흐르게 만드세요.

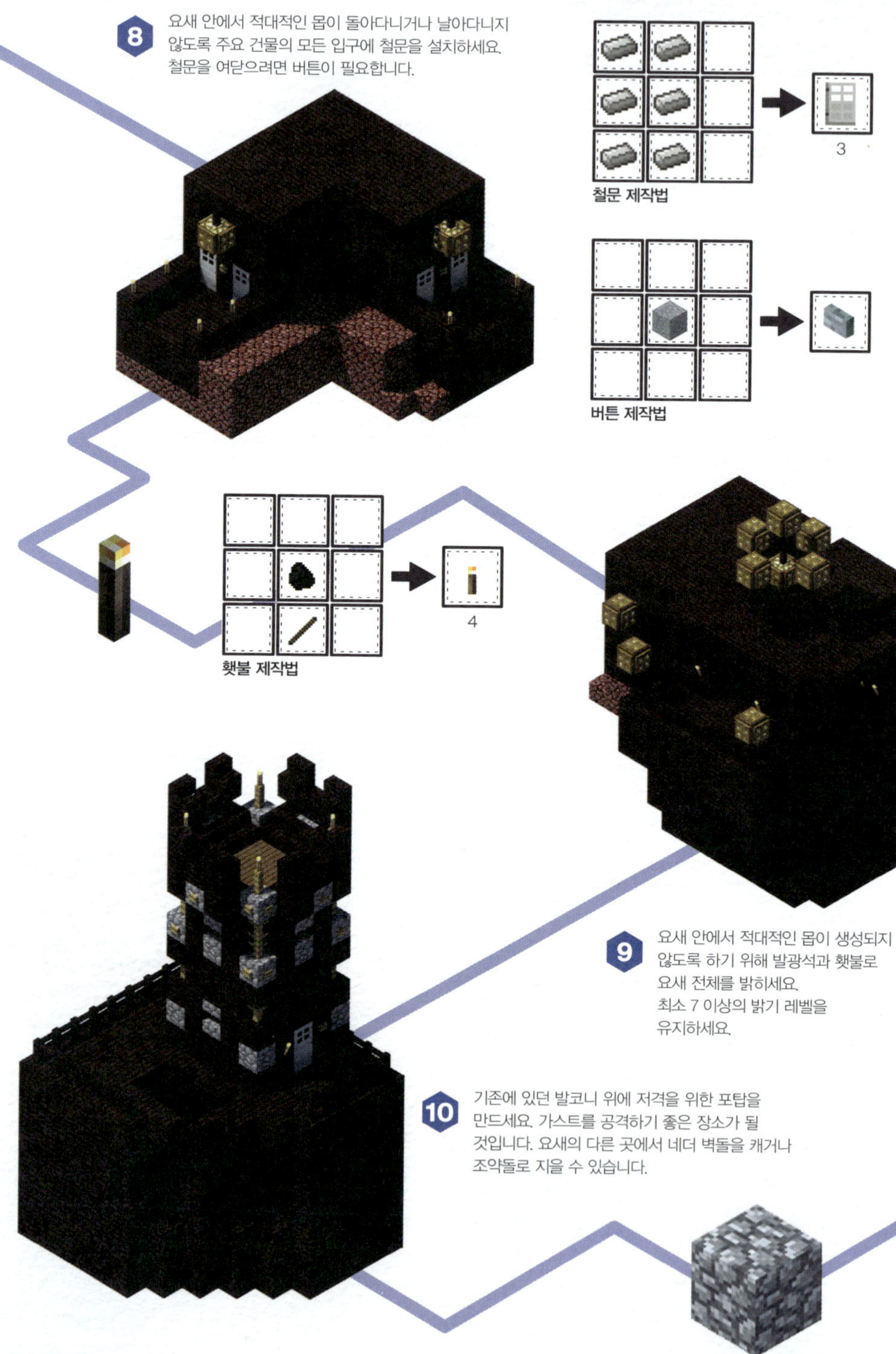

8
요새 안에서 적대적인 몹이 돌아다니거나 날아다니지
않도록 주요 건물의 모든 입구에 철문을 설치하세요.
철문을 여닫으려면 버튼이 필요합니다.

철문 제작법
3

버튼 제작법

횃불 제작법
4

9
요새 안에서 적대적인 몹이 생성되지
않도록 하기 위해 발광석과 횃불로
요새 전체를 밝히세요.
최소 7 이상의 밝기 레벨을
유지하세요.

10
기존에 있던 발코니 위에 저격을 위한 포탑을
만드세요. 가스트를 공격하기 좋은 장소가 될
것입니다. 요새의 다른 곳에서 네더 벽돌을 캐거나
조약돌로 지을 수 있습니다.

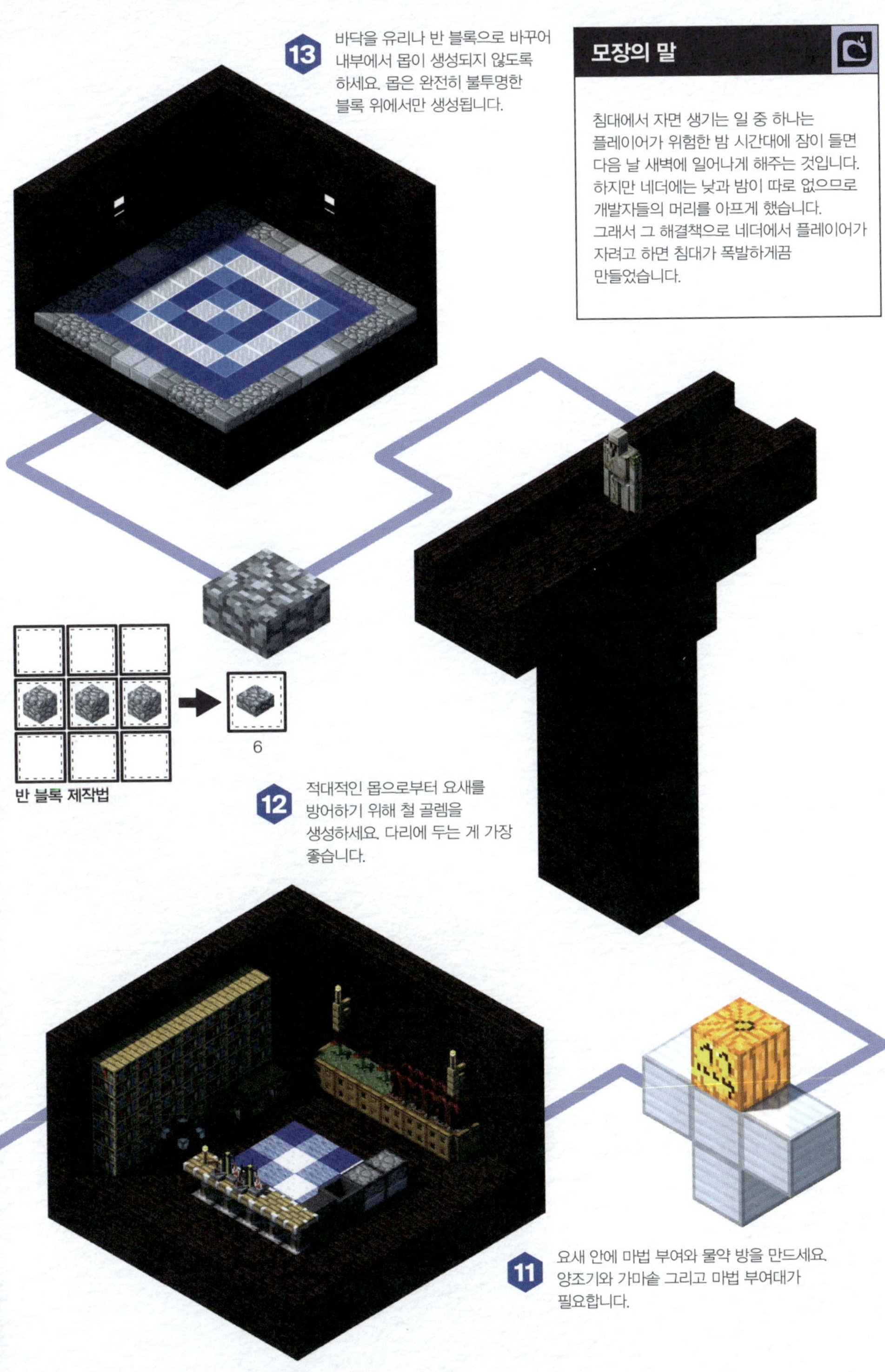

13 바닥을 유리나 반 블록으로 바꾸어 내부에서 몹이 생성되지 않도록 하세요. 몹은 완전히 불투명한 블록 위에서만 생성됩니다.

모장의 말

침대에서 자면 생기는 일 중 하나는 플레이어가 위험한 밤 시간대에 잠이 들면 다음 날 새벽에 일어나게 해주는 것입니다. 하지만 네더에는 낮과 밤이 따로 없으므로 개발자들의 머리를 아프게 했습니다. 그래서 그 해결책으로 네더에서 플레이어가 자려고 하면 침대가 폭발하게끔 만들었습니다.

12 적대적인 몹으로부터 요새를 방어하기 위해 철 골렘을 생성하세요. 다리에 두는 게 가장 좋습니다.

11 요새 안에 마법 부여와 물약 방을 만드세요. 양조기와 가마솥 그리고 마법 부여대가 필요합니다.

마인카트 시스템

폐쇄적인 마인카트 시스템을 사용하면 몹으로부터 공격받지 않고 요새 주변과 포탈을 빠르게 이동할 수 있게 해줍니다. 재미있는 롤러코스터로도 사용할 수 있는 불에 견디는 마인카트 시스템을 만들려면 다음 단계를 따르세요.

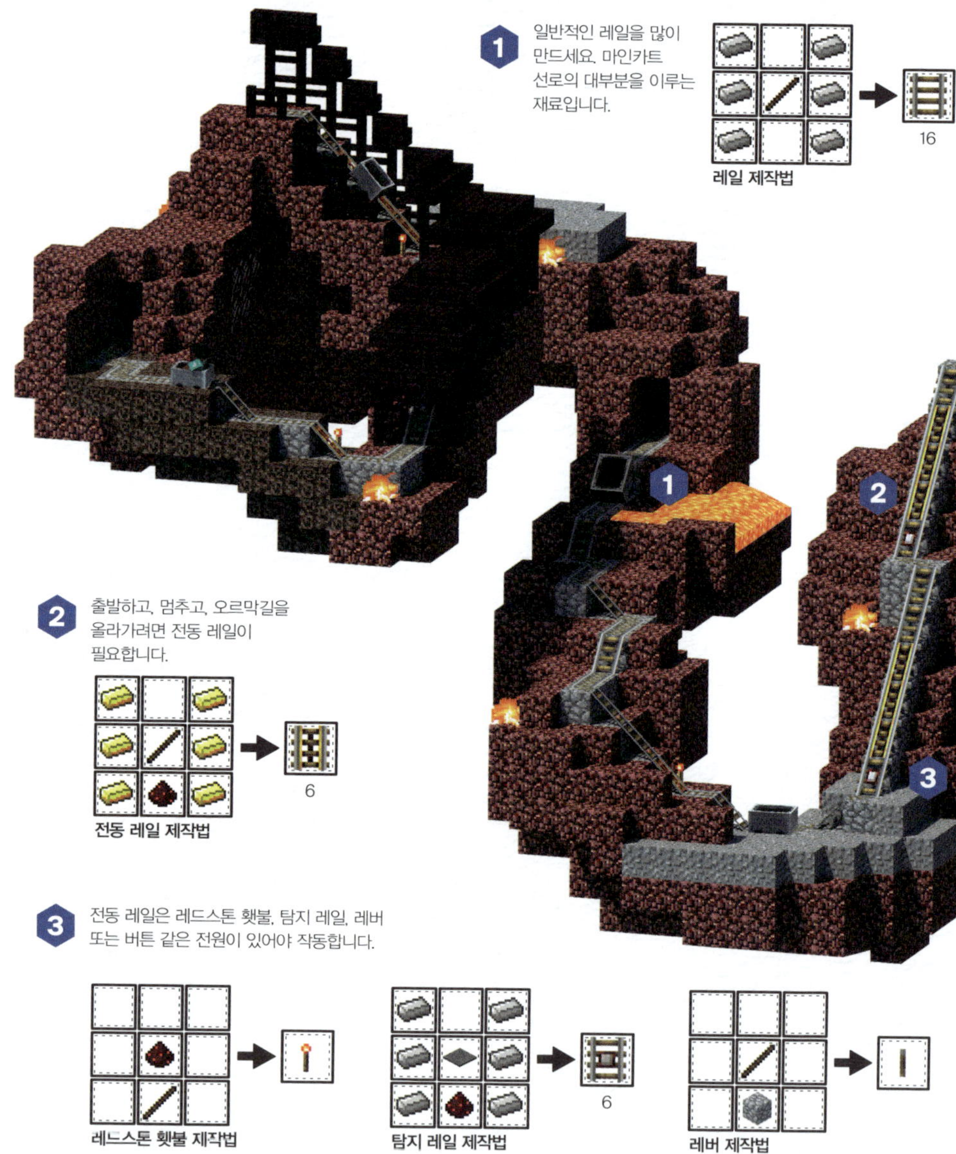

1 일반적인 레일을 많이 만드세요. 마인카트 선로의 대부분을 이루는 재료입니다.

레일 제작법

16

2 출발하고, 멈추고, 오르막길을 올라가려면 전동 레일이 필요합니다.

전동 레일 제작법

6

3 전동 레일은 레드스톤 횃불, 탐지 레일, 레버 또는 버튼 같은 전원이 있어야 작동합니다.

레드스톤 횃불 제작법

탐지 레일 제작법

6

레버 제작법

4 마인카트가 다닐 길을 조약돌로 만들고 그 위에 레일을 설치하세요. 각 전동 레일 옆 블록에 전원을 두세요.

5 네더 울타리와 네더 벽돌을 사용해서 불과 용암으로부터 마인카트 시스템을 보호하세요.

6 이동하기 위한 마인카트를 만들고 테스트를 해보세요. 보다 전략적으로 전동 레일을 설치해야 할 것입니다.

마인카트 제작법

농사

버섯은 물을 놓을 수 없는 네더에서 자연적으로 자라는 유일한 식료품입니다.
그렇다고 먹거리를 키울 수 없다는 것은 아닙니다. 네더에서 굶주림의 위험 없이
오랜 시간을 보낼 수 있는 농장을 만들려면 다음 단계를 따르세요.

나무

아이템 제작에 필요한 원목을 제공해주는 것은 묘목입니다. 나무를 기르려면 흙 블록과 빛이 필요합니다. 묘목
사이에 충분한 공간을 두어 나무들이 잘 자랄 수 있도록 하세요. 참나무는 먹을 수 있는 사과를 떨어뜨립니다.
사과는 금괴와 조합하여 황금 사과를 만들 수 있습니다. 정글 나무로 코코아를 재배할 수 있습니다.
자세한 내용은 45쪽을 참고하세요.

밀, 당근, 감자 그리고 사탕무

밀, 당근, 감자 그리고 사탕무는 물이 없어도
재배할 수 있습니다. 단지 느리게 자랄 뿐입니다.
오버월드에서 흙을 가져와서 원하는 위치에 놓은
다음, 괭이를 사용하여 흙을 경작지로 만들고
재빠르게 씨앗을 심으세요. 작물이 자랄 수
있도록 발광석을 설치하세요.

수박과 호박

수박과 호박도 물 없이 재배할 수 있습니다.
단지 빛과 자란 작물이 놓일 수 있도록 경작지
옆에 블록만 있으면 됩니다.

젖은 스폰지는 네더에서 작물에게
물을 제공하는 데 사용할 수 있습니다.
경작지 옆에 젖은 스펀지를 설치해서
수분을 공급하세요. 젖은 스펀지는 심해
유적에서 찾을 수 있습니다.

버섯

버섯은 모든 블록 위에서 재배할 수
있습니다. 버섯의 개수를 늘리려면
9 x 9 x 3 안에 5개 미만의 버섯이
있어야 하며, 밝기 레벨은 12 이하여야
합니다.

버섯 스튜 제작법
버섯으로 버섯
스튜를 만들 수
있습니다.

양계장 만들기

달걀은 네더로 쉽게 가져올 수 있습니다. 우리 안에 달걀을 던지기만 하면 약 1/8 확률로 닭이 생성됩니다. 닭을 보호하기 위해 우리는 실내에 두세요.

네더로 다른 동물 데려오기

소, 양, 돼지 그리고 말 같은 동물들을 네더 포탈을 통해 네더로 데려올 수 있지만, 요새가 포탈로부터 멀리 떨어져 있는 경우에는 조금 까다로워집니다. 요새에서 새 포탈을 지어 동물을 더 쉽게 새 집으로 데려올 수 있도록 하세요. 동물을 데려오는 가장 안전한 방법은 끈을 매다는 것입니다.

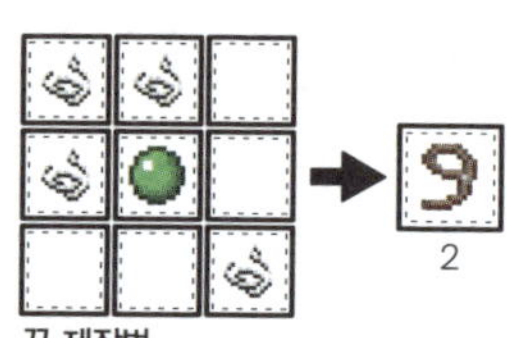

끈 제작법

빵집 만들기

오버월드에서 몇 가지 중요한 재료를 가지고 오면 요새에서 빵집을 차릴 수 있습니다. 케익, 빵, 쿠키 그리고 호박 파이 같은 것을 만들 수 있어 생존할 수 있는 확률이 더욱 높아집니다.

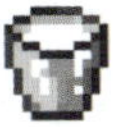

네더에 소가 없으면 우유가 든 양동이를 가져와야 합니다.

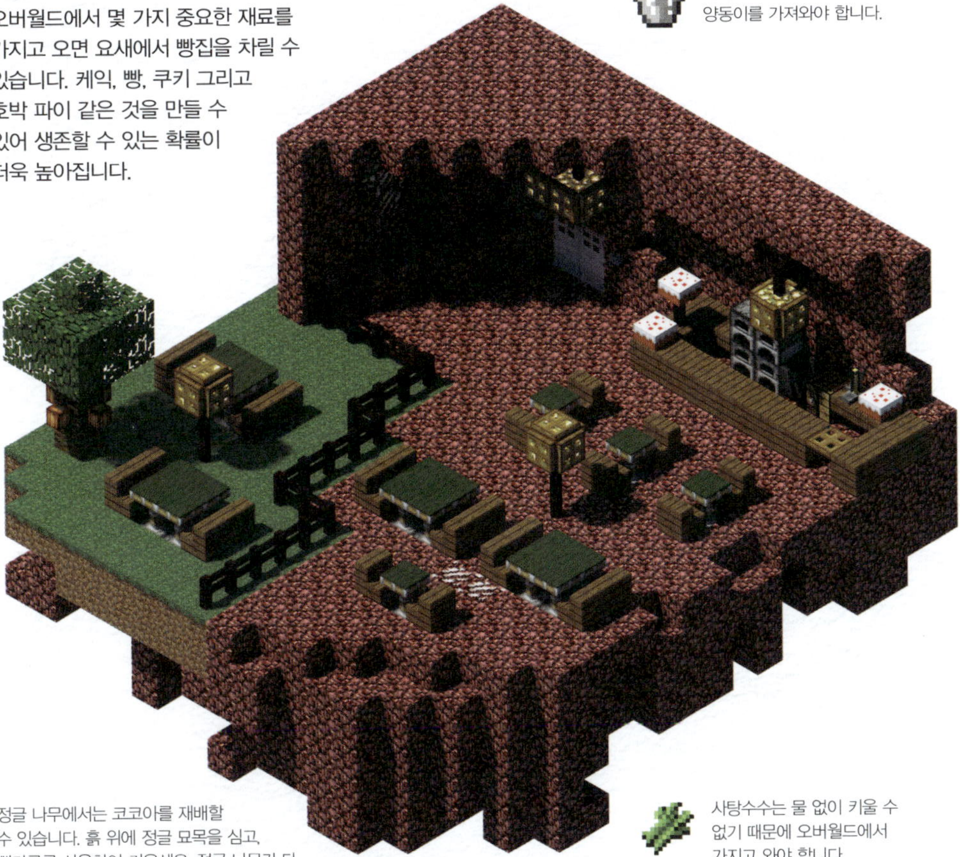

정글 나무에서는 코코아를 재배할 수 있습니다. 흙 위에 정글 묘목을 심고, 뼛가루를 사용하여 키우세요. 정글 나무가 다 자라면 코코아 콩을 나무 몸통에 심으세요. 심은 코코아 콩이 갈색으로 변할 때까지 기다렸다가 코코아 콩을 수확하세요.

사탕수수는 물 없이 키울 수 없기 때문에 오버월드에서 가지고 와야 합니다.

제과류 만들기

이 모든 재료를 모았다면 오른쪽에 나와있는 것들을 만들 수 있습니다. 이 음식들은 허기를 더 많이 채워줍니다.

케이크 제작법

호박 파이 제작법

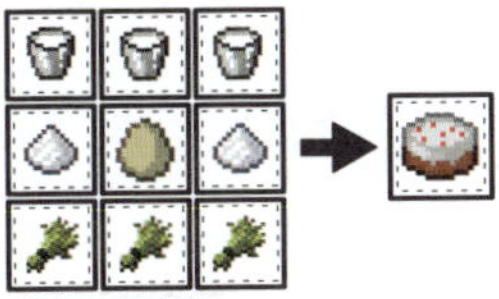

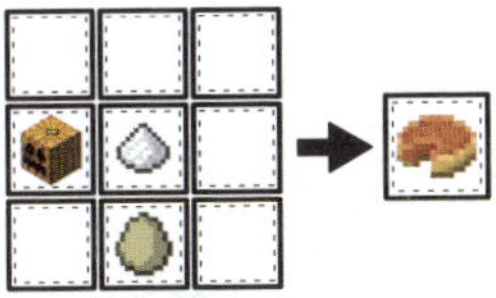

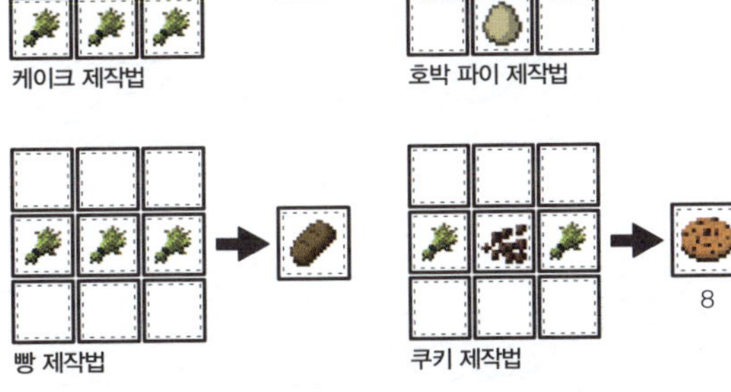

팁

오버월드에서 농사하는 것처럼 네더에서도 뼛가루를 사용해 작물이 자라는 속도를 빠르게 할 수 있습니다.

빵 제작법

쿠키 제작법

2

엔드

네더를 정복했으니 물약 양조와 최후의 도전을 준비해보세요. 이번 장에서는 위험천만한 엔드 차원으로 가는 방법과 마지막 보스 몹인 엔더 드래곤을 만났을 때 해야 할 일 그리고 엔더 드래곤을 물리친 뒤 어디에서 희귀한 블록과 아이템들을 얻을 수 있는지 알아볼 것입니다.

엔드의 환경

엔드는 아무것도 없는 공허에 섬들이 무리 지어 떠있는 곳입니다. 엔드는 낮과 밤이 없고, 어둠만 지속됩니다. 많은 플레이어들에게 이 도전은 최후의 도전입니다. 엔드에 자원은 거의 없고, 마인크래프트의 보스 몹인 엔더 드래곤이 살고 있기 때문이죠.

1 모든 섬은 엔드 돌로 이루어져 있습니다. 엔드 돌은 일반적인 돌보다 폭발 저항력이 강하고 곡괭이로 채굴할 수 있습니다.

2 중앙 섬의 가운데에는 엔더 드래곤의 집이 있습니다. 작은 단상과 몇 개의 흑요석 기둥 위에 엔드 수정이 있고, 그 중 일부 기둥이 철창으로 보호되어 있다는 점을 빼면 별 거 없습니다. 흑요석과 철창은 드래곤을 물리치면 부술 수 있습니다. 하지만 그 전에 먼저 엔드 수정을 파괴해야 할 것입니다. 자세한 정보는 56–59쪽을 참고하세요.

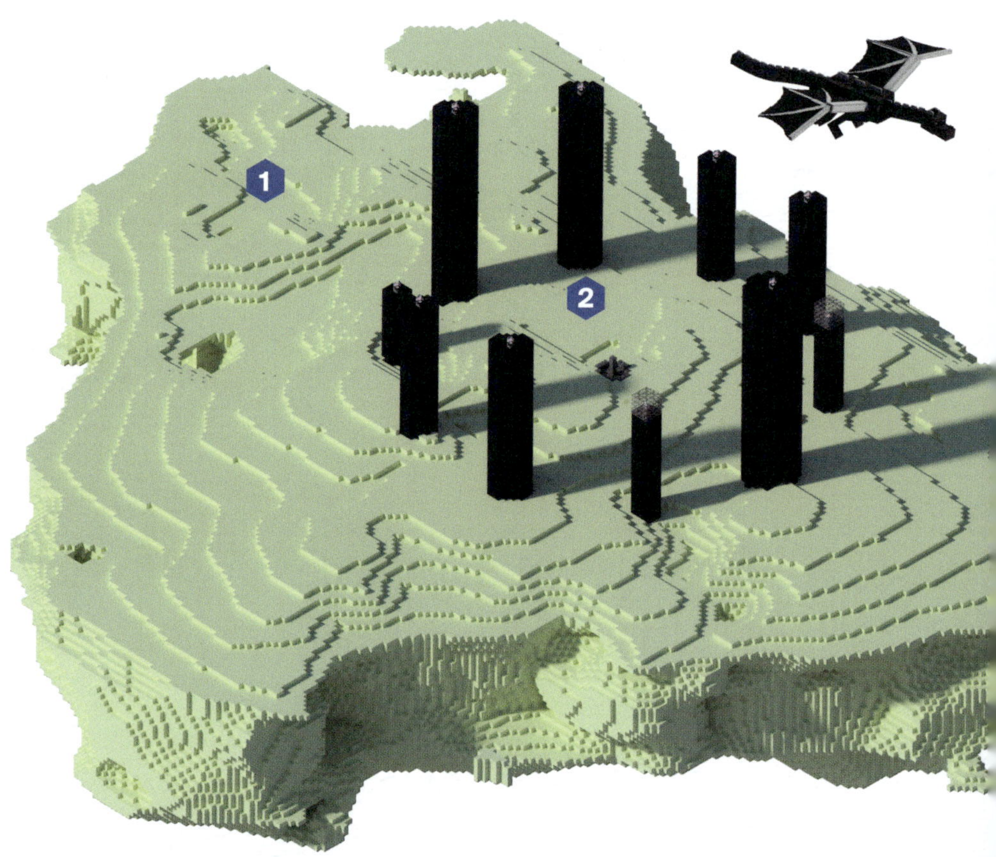

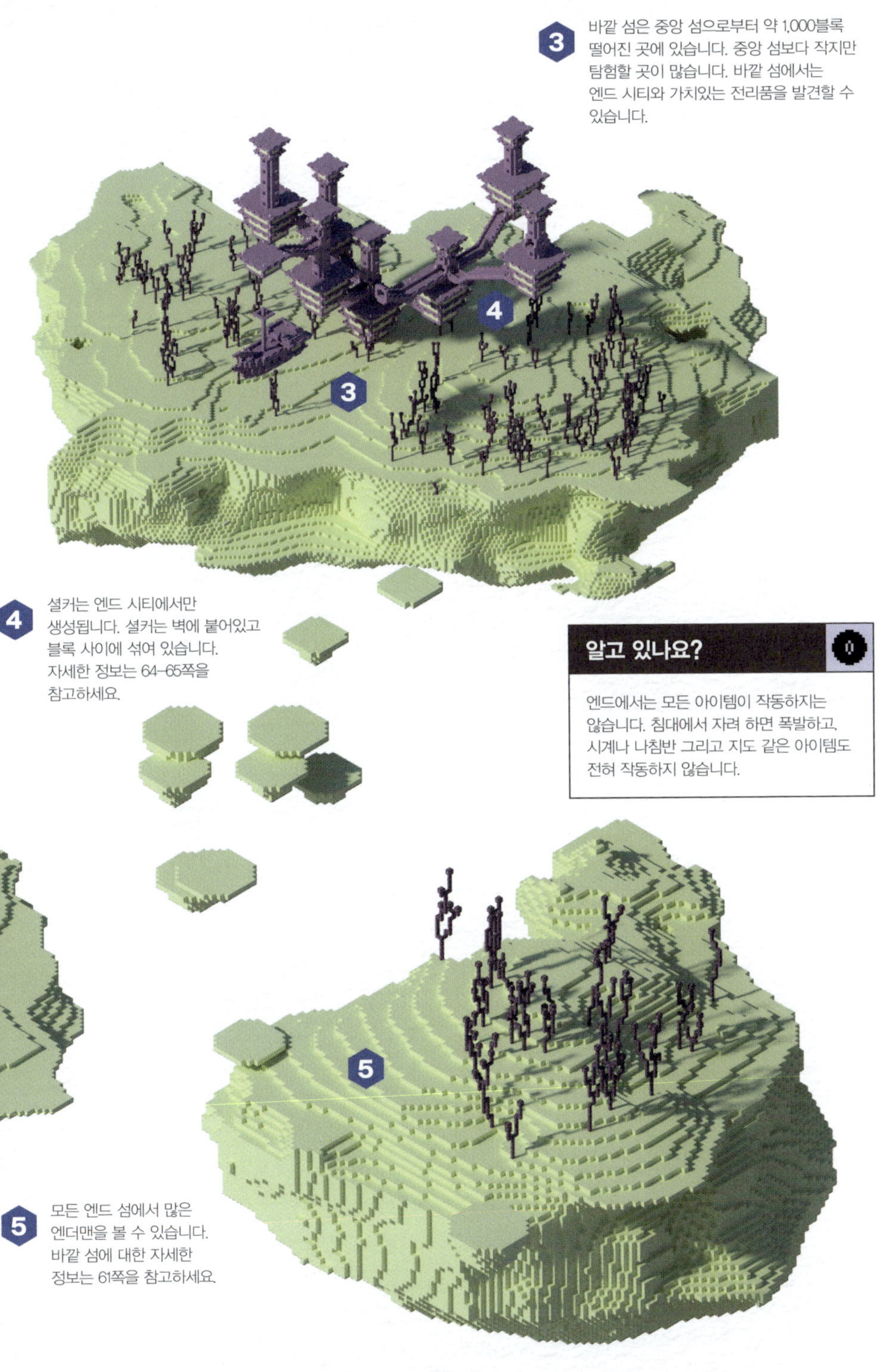

3
바깥 섬은 중앙 섬으로부터 약 1,000블록
떨어진 곳에 있습니다. 중앙 섬보다 작지만
탐험할 곳이 많습니다. 바깥 섬에서는
엔드 시티와 가치있는 전리품을 발견할 수
있습니다.

4
셜커는 엔드 시티에서만
생성됩니다. 셜커는 벽에 붙어있고
블록 사이에 섞여 있습니다.
자세한 정보는 64–65쪽을
참고하세요.

알고 있나요?

엔드에서는 모든 아이템이 작동하지는
않습니다. 침대에서 자려 하면 폭발하고,
시계나 나침반 그리고 지도 같은 아이템도
전혀 작동하지 않습니다.

5
모든 엔드 섬에서 많은
엔더맨을 볼 수 있습니다.
바깥 섬에 대한 자세한
정보는 61쪽을 참고하세요.

엔드로 가는 여행을 위한 준비

엔드로 여행을 가려면 그곳에서 기다리고 있는 위험을 고려해서 특별한 준비를 해야 합니다.
걱정해야 할 것은 엔더 드래곤뿐만이 아닙니다. 그곳에는 엔더맨과 셜커도 있고, 공허로 떨어질 위험도 있습니다.
엔드에서 살아남기 위해 우리가 해야 할 일을 살펴봅시다.

마법 부여된 다이아몬드 갑옷은 필수입니다. 첫 번째 갑옷이 손상될 경우를 대비해 여분의 갑옷을 챙기는 것이 좋습니다.

방패는 드래곤의 공격을 부분적으로 방어하는 데 도움이 됩니다.

엔드 수정을 둘러싼 철창을 부수기 위한 곡괭이가 필요합니다. 지하에서 소환되어 지상으로 올라가는 길을 파야 될 일이 생길 수도 있으므로 곡괭이가 필요합니다.

흑요석 기둥을 오르거나 셜커와 싸울 때 안전을 위해서 부츠에 가벼운 착지 마법 부여를 해보세요.

 투구 대신에 호박을 쓰면 엔더맨을 정면으로 바라보더라도 엔더맨은 공격적으로 대하지 않을 것입니다. 하지만 호박은 아무런 보호 효과가 없다는 점을 명심하세요.

 요새를 찾으려면 엔더의 눈이 필요합니다. 52-53 쪽을 참고하세요.

 엔더 드래곤을 공격하려면 마법 부여된 활과 고통의 화살이 필요합니다.

 중앙 섬에서 가까운 거리에 있는 다른 섬에서 소환될 수 있으므로 순간이동을 하기 위한 엔더 진주도 챙기세요. 엔더 진주는 드래곤을 물리칠 때도 필요합니다.

 마법 부여된 다이아몬드 검은 드래곤과 싸울 때 근접 공격용으로 제격입니다.

 스테이크와 케이크 같은 양질의 음식을 몇 세트씩 챙겨서 체력과 허기를 가득 채우세요.

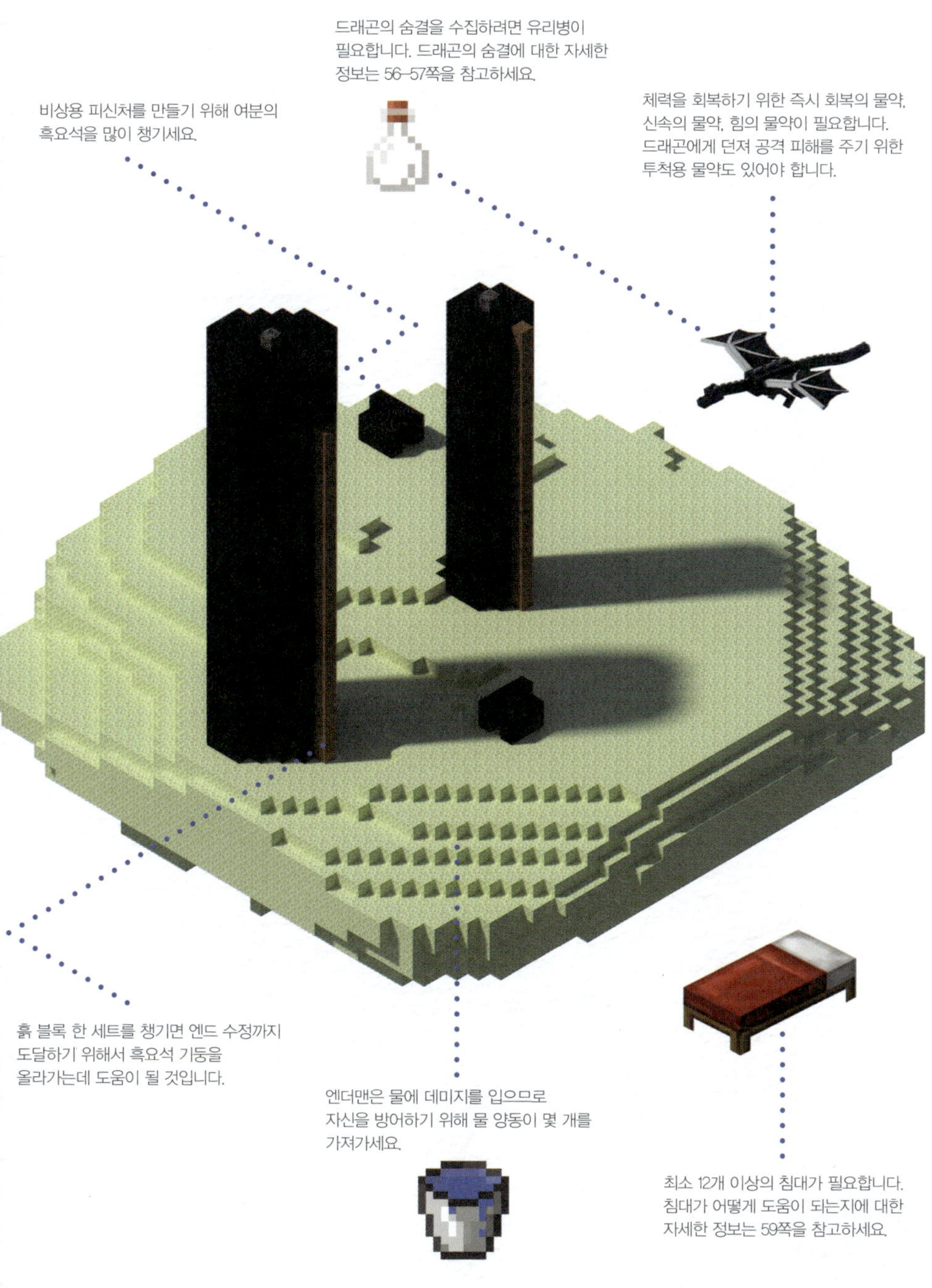

드래곤의 숨결을 수집하려면 유리병이 필요합니다. 드래곤의 숨결에 대한 자세한 정보는 56~57쪽을 참고하세요.

체력을 회복하기 위한 즉시 회복의 물약, 신속의 물약, 힘의 물약이 필요합니다. 드래곤에게 던져 공격 피해를 주기 위한 투척용 물약도 있어야 합니다.

비상용 피신처를 만들기 위해 여분의 흑요석을 많이 챙기세요.

흙 블록 한 세트를 챙기면 엔드 수정까지 도달하기 위해서 흑요석 기둥을 올라가는데 도움이 될 것입니다.

엔더맨은 물에 데미지를 입으므로 자신을 방어하기 위해 물 양동이 몇 개를 가져가세요.

최소 12개 이상의 침대가 필요합니다. 침대가 어떻게 도움이 되는지에 대한 자세한 정보는 59쪽을 참고하세요.

엔드 요새 찾기

1 엔더의 눈을 만드세요. 요새를 찾으려면 여러 개의 엔더의 눈이 필요하고, 포탈을 활성화시키려면 엔더의 눈 12개가 더 필요합니다. 엔더의 눈은 엔더맨이 떨구는 엔더 진주와 네더에서 블레이즈가 떨구는 블레이즈 막대로 만들 수 있는 블레이즈 가루로 제작할 수 있습니다.

2 일단 갈 준비가 끝나면 엔더의 눈을 던지세요. 엔더의 눈은 다시 땅으로 떨어지기 전에 가장 가까운 요새의 위치를 일러줍니다.

3 엔더의 눈을 따라간 다음, 새로운 위치에서 다른 엔더의 눈을 던지세요. 엔더의 눈이 땅으로 떨어질 때 부서질 확률은 20%입니다. 엔더의 눈이 부서지면 다시 주워서 사용할 수 없습니다.

3
4
4

팁

요새를 찾자마자 요새의 좌표를 메모해
두세요. 드래곤을 물리치고 나면 요새를
통해 오버월드와 엔드를 왔다 갔다 할
수 있습니다. 엔더의 눈을 따라가면서
횃불이나 표지판 같은 흔적을 남기세요.
데스크톱 에디션에서 좌표를 확인하려면
F3키를 누르세요. 콘솔 에디션이라면
지도를 참고하세요.

엔더의 눈이 똑같은 지점에서
떨어질 때까지 이 작업을
계속하세요. 그런 다음
아래로 파 내려가 보면
요새를 찾을 수 있습니다.
요새는 벽돌과 이끼 낀
벽돌로 이루어져 있으므로
땅을 팔 때 블록들을 유심히
살펴보세요.

알고 있나요?

요새는 보통 해수면 위 생물 군계에서
생성되지만 물속에서도 생성되는 것으로
알려져 있습니다.

요새 찾기

요새는 여러 개의 방이 복도와 계단으로 연결된 거대한 구조물입니다. 요새마다 방의 배치가 독특하고 크기도 각기 다릅니다. 하지만 모든 요새에는 엔드 포탈 방이 있습니다. 방의 이름 그대로 이 방은 엔드로 가기 위한 엔드 포탈이 있는 곳입니다.

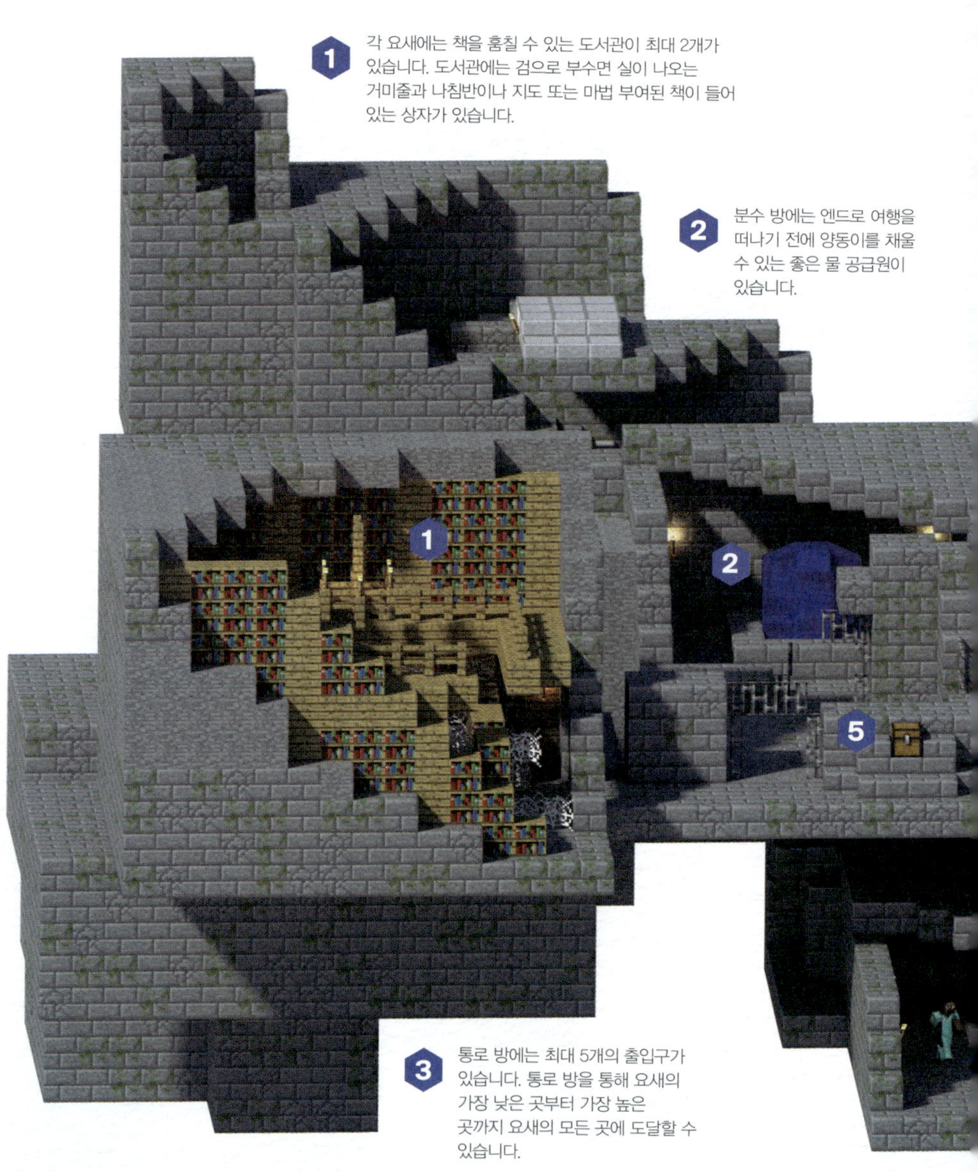

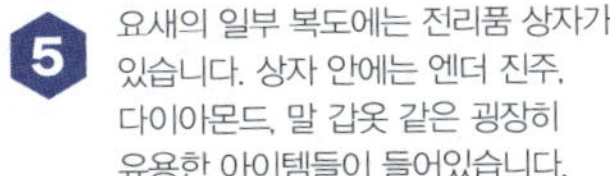 요새의 일부 복도에는 전리품 상자가 있습니다. 상자 안에는 엔더 진주, 다이아몬드, 말 갑옷 같은 굉장히 유용한 아이템들이 들어있습니다.

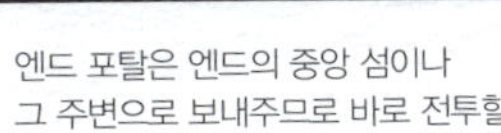

엔드 포탈은 엔드의 중앙 섬이나 그 주변으로 보내주므로 바로 전투할 준비를 해야 합니다.

6 12개의 모든 관문 블록에 엔더의 눈이 박혀있는 드문 경우를 제외하고, 일반적으로 엔드 포탈 방에는 완성되지 않은 포탈이 있습니다. 엔드 포탈 방에는 좀벌레 생성기와 용암 호수 2개가 있습니다. 완성되지 않은 포탈을 활성화시키려면 비어있는 관문 블록에 엔더의 눈을 설치한 다음, 포탈 속으로 뛰어들면 됩니다.

7 엔더 드래곤에게 죽을 수도 있으니 부활했을 때를 대비하세요. 엔드에 가기 전, 포탈 방 안에 상자를 설치하고 여분의 아이템을 채워두면 두 번째 공격을 빠르게 시작할 수 있습니다. 상자 안에 갑옷, 호박, 무기, 음식 그리고 엔더 진주가 모두 있는지 확인하세요.

8 포탈 방에 침대를 놓고 한 번 자면 그곳에서 부활할 수 있습니다.

엔더 드래곤

엔더 드래곤은 마인크래프트의 가장 강력한 보스 몹입니다.
엔더 드래곤은 강한 체력과 엄청난 위력으로 공격해오므로 물리치기가 쉽지 않습니다. 지금 상대하고 있는 엔더 드래곤에 대해 살펴봅시다.

체력	200
공격력	6-15
물리치는 방법	
떨구는 아이템	0-1 12,000

적대성

생성 위치

플레이어가 엔드 차원에 처음으로 입장했을 때 중앙 섬에서 생성됩니다.

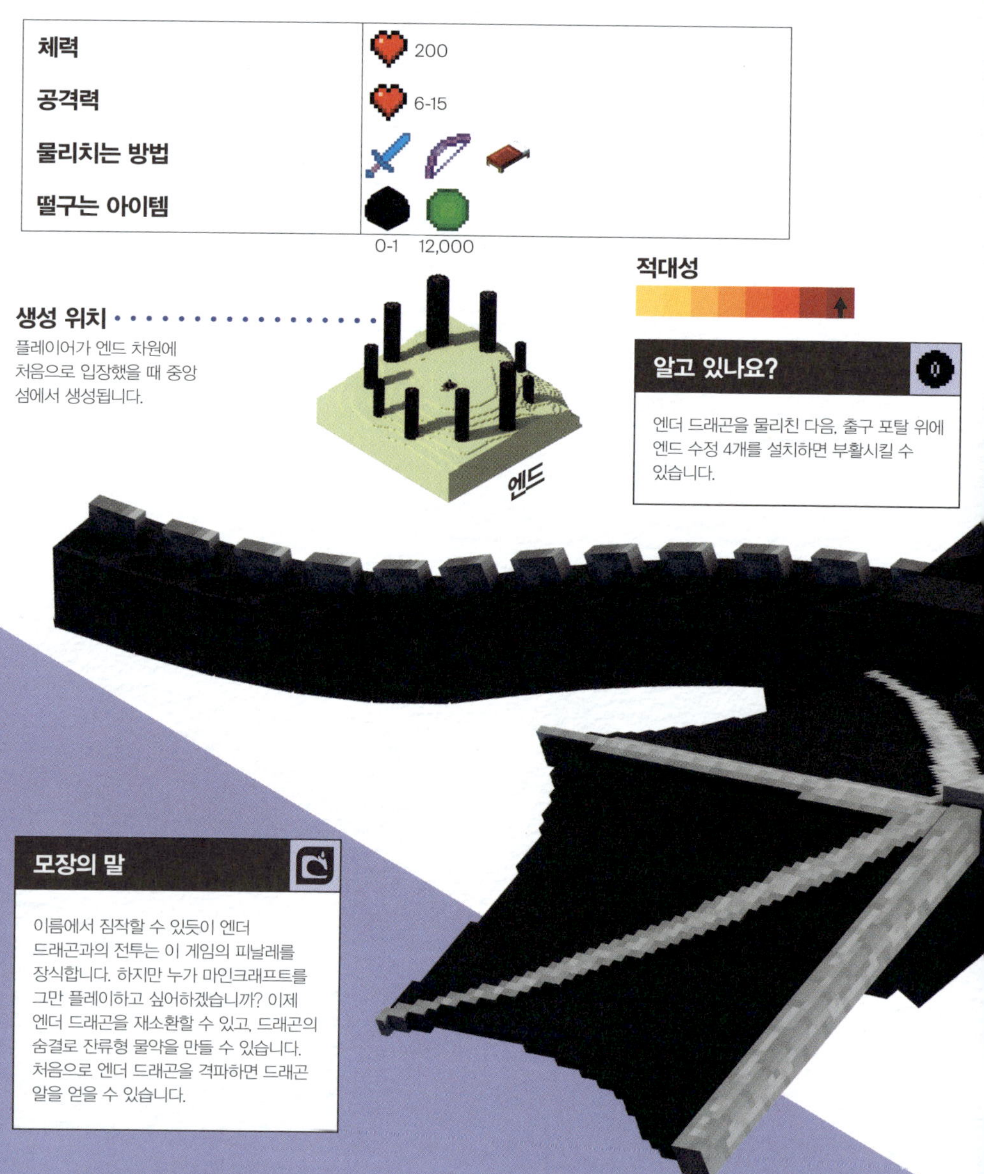

알고 있나요?

엔더 드래곤을 물리친 다음, 출구 포탈 위에 엔드 수정 4개를 설치하면 부활시킬 수 있습니다.

모장의 말

이름에서 짐작할 수 있듯이 엔더 드래곤과의 전투는 이 게임의 피날레를 장식합니다. 하지만 누가 마인크래프트를 그만 플레이하고 싶어하겠습니까? 이제 엔더 드래곤을 재소환할 수 있고, 드래곤의 숨결로 잔류형 물약을 만들 수 있습니다. 처음으로 엔더 드래곤을 격파하면 드래곤 알을 얻을 수 있습니다.

행동

엔더 드래곤은 중앙 섬을
돌아다니며 삶을 보내고 있습니다.
가운데에 있는 단상을 지키고
있는 것처럼 보이기도 합니다.
플레이어가 공격하지 않을 때
엔더 드래곤은 단상으로 날아와
날갯짓을 합니다.

특별한 기술

엔더 드래곤은 엄청난 체력을 갖고 있을 뿐만
아니라, 중앙 섬의 각 흑요석 기둥 위에 있는 엔드
수정으로부터 힘을 끌어와 체력을 회복합니다.

공격 방법

드래곤도 화염구를 날립니다. 공격 대상에게 입김과
화염구를 던져 공격합니다. 드래곤의 화염구는 닿으면
유해한 보라색 구름을 내뿜습니다.

드래곤과 싸우기

일단 엔드에 오면 엔더 드래곤을 물리치거나 자신이 죽지 않는 한 엔드를 나갈 방법이 없습니다.
엔더 드래곤을 물리치는 것은 마인크래프트에서 가장 어려운 일이기 때문에 반드시 준비해야 합니다.
여기 있는 전투 팁들은 여러분에게 성공의 기회를 가져다 줄 것입니다.

알고 있나요?

플레이어가 언제나 중앙 섬에서만 소환되는 것은 아닙니다. 가끔씩 근처에 있는 다른 섬에서 소환될 수도 있습니다. 그럴 때는 순간이동을 하거나 다리를 만들어야 합니다.

모장의 말

PC 정식 1.0 버전에 처음으로 도입되었지만, 싸움은 콘솔 버전에 특화돼 있었습니다. 그러나 PC 개발자들은 PC에서 채택된 수많은 변경사항을 좋아해서 전투에 새로운 단계를 도입시키고, 엔드 수정에 철창을 둘러 게임을 더 어렵게 만들었습니다. 드래곤을 격파하는 것은 굉장히 어렵습니다. 사실 많은 개발자들도 게임을 끝내는데 어려움을 겪었고, 그 결과 개발자들은 다시 게임의 난이도를 하향 조정했습니다.

1 엔드에 도착하자마자 재생의 물약을 마시세요. 잠시 시간을 내서 드래곤이 어디에 있는지 찾아보세요. 다만 여러분의 하루를 완벽히 망치는 능력을 가진 엔더맨을 과소평가하지 마세요. 투구 대신 호박을 쓰면 엔더맨이 공격적으로 대하지 않습니다.

2 드래곤은 흑요석 기둥 꼭대기에 있는 엔드 수정으로부터 힘을 얻으므로 드래곤을 죽이기 전에 먼저 수정을 파괴해야 합니다. 철창으로 둘러싸이지 않은 수정부터 화살로 파괴하세요.

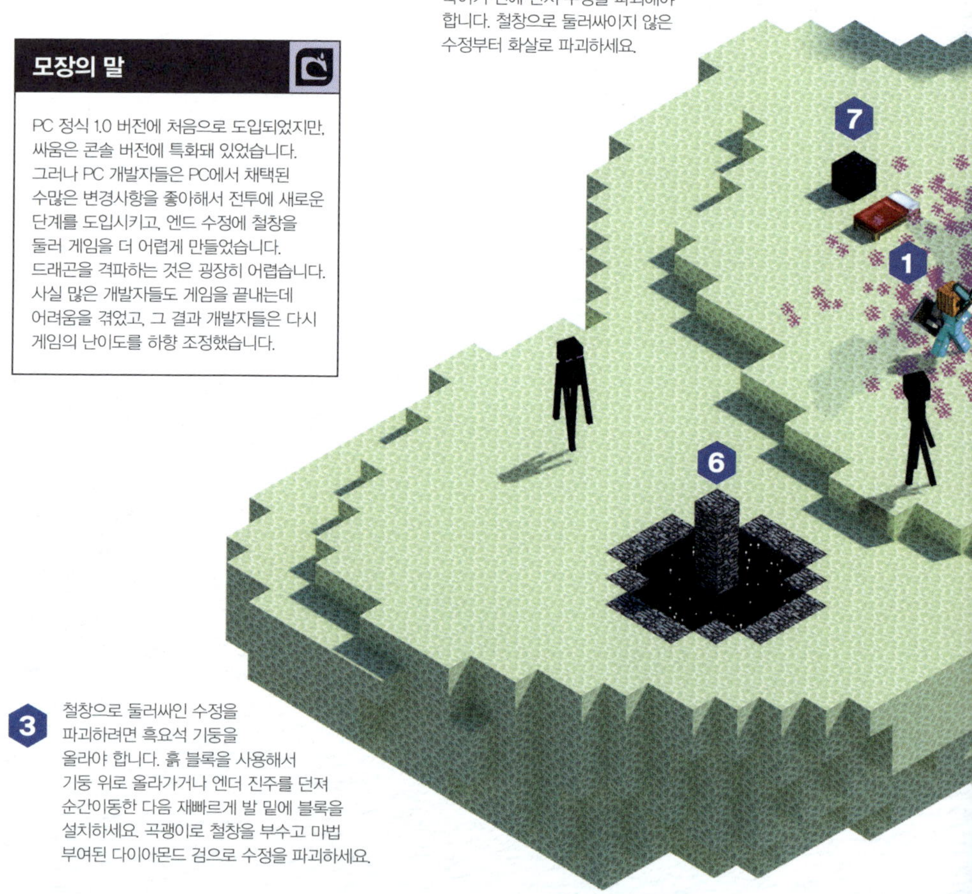

3 철창으로 둘러싸인 수정을 파괴하려면 흑요석 기둥을 올라야 합니다. 흙 블록을 사용해서 기둥 위로 올라가거나 엔더 진주를 던져 순간이동한 다음 재빠르게 발 밑에 블록을 설치하세요. 곡괭이로 철창을 부수고 마법 부여된 다이아몬드 검으로 수정을 파괴하세요.

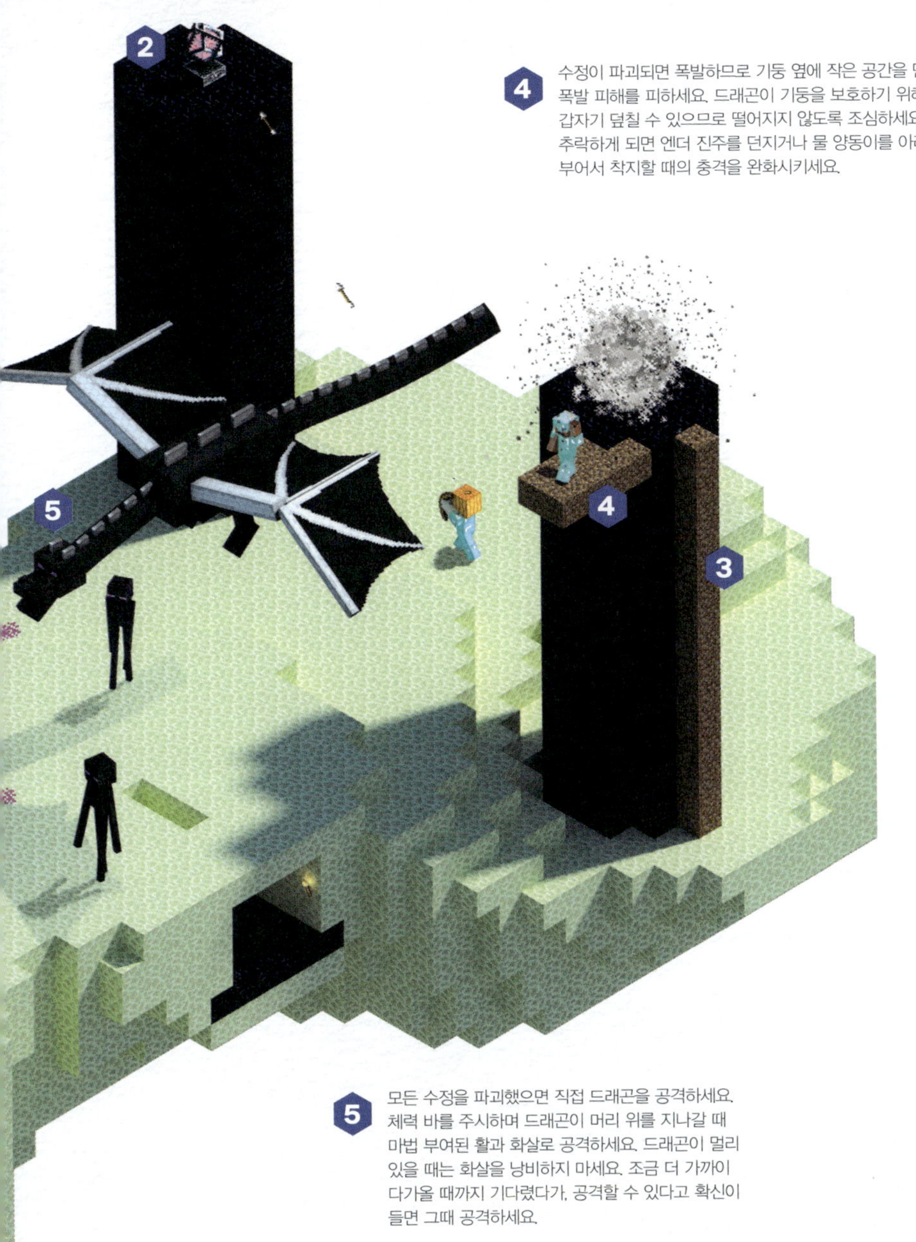

4 수정이 파괴되면 폭발하므로 기둥 옆에 작은 공간을 만들어 폭발 피해를 피하세요. 드래곤이 기둥을 보호하기 위해 갑자기 덮칠 수 있으므로 떨어지지 않도록 조심하세요. 추락하게 되면 엔더 진주를 던지거나 물 양동이를 아래에 부어서 착지할 때의 충격을 완화시키세요.

5 모든 수정을 파괴했으면 직접 드래곤을 공격하세요. 체력 바를 주시하며 드래곤이 머리 위를 지나갈 때 마법 부여된 활과 화살로 공격하세요. 드래곤이 멀리 있을 때는 화살을 낭비하지 마세요. 조금 더 가까이 다가올 때까지 기다렸다가, 공격할 수 있다고 확신이 들면 그때 공격하세요.

6 드래곤은 몇 초마다 섬 가운데에 있는 단상 위에 착륙합니다. 드래곤이 단상 위에 있을 때는 화살 공격이 무력화되므로 검으로 머리를 때리거나, 투척용 고통의 물약을 던지세요.

7 공격을 끝내기 위해 땅 위에 침대를 놓고 드래곤이 충분히 가까워지면 침대에서 잠을 자려고 시도해보세요. 자신과 침대 사이에 흑요석을 설치하면 폭발로부터 자신을 보호할 수 있습니다. 드래곤을 물리치려면 이 작업을 여러 번 해야 합니다.

승리

승리는 언제나 달콤합니다! 드래곤의 체력 바가 0에 다다르면 폭발하면서 무려 12,000 경험치 포인트를 떨굽니다. 그리고 섬 중앙에 있는 출구 포탈 위에서 탐스러운 드래곤 알을 보상받을 수 있습니다.

알 수집하기

그냥 알을 건드리거나 부수려고 하면 다른 곳으로 순간이동해 버릴 것입니다.

포탈로 떨어지지 않도록 드래곤 알 주위에 블록을 설치하세요.

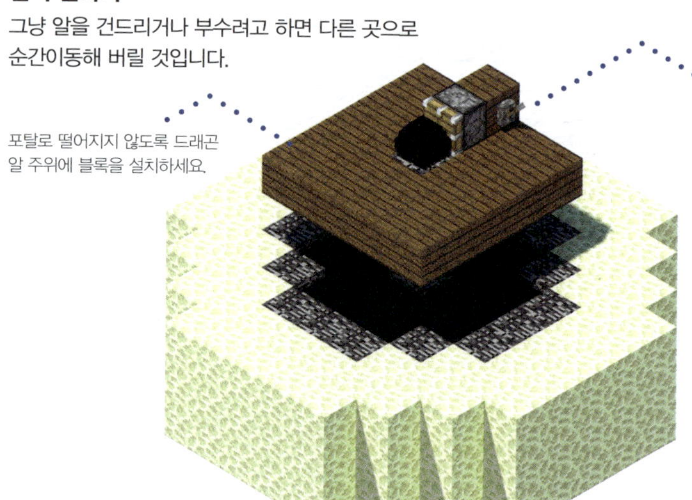

전원과 연결된 피스톤을 사용하여 드래곤 알을 미세요.

드래곤 알은 아이템의 형태로 떨어지므로 드래곤 알을 오버월드로 가지고 가서 자랑스럽게 집에 전시할 수 있습니다.

드래곤 부활시키기

잔류형 물약을 만들기 위해 드래곤의 숨결을 더 많이 모으고 싶나요? 그러면 엔더 드래곤을 부활시키세요.

한 면에 하나씩 출구 포탈에 4개의 엔드 수정을 설치하세요. 엔드 수정은 엔더의 눈과 가스트의 눈물 그리고 유리 블록 7개로 제작할 수 있습니다.

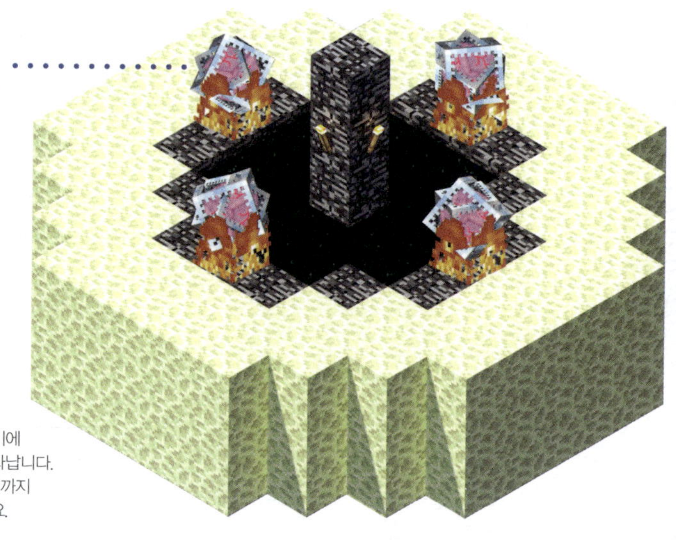

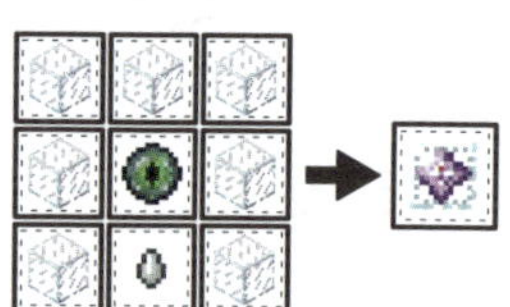

엔드 수정 제작법

마지막 엔드 수정이 설치되면 기둥 꼭대기에 다시 엔드 수정이 생기면서 드래곤이 나타납니다. 드래곤을 부활시키면 드래곤을 물리칠 때까지 엔드에서 나갈 수 없게 되므로 주의하세요.

다음은 어디로?

엔더 드래곤을 격파하고 나면 2개의 포탈이 생깁니다. 오버월드로 되돌아갈 수 있는 출구 포탈이 섬 중앙에
생기고, 바깥 섬으로 갈 수 있는 게이트웨이 포탈이 중앙 섬의 가장자리에 생깁니다. 출구 포탈에 들어가면
오버월드에 도착할 때까지 엔드 시가 뜰 것입니다. 흥미로운 내용들이 있으니 한 번 읽어보세요.

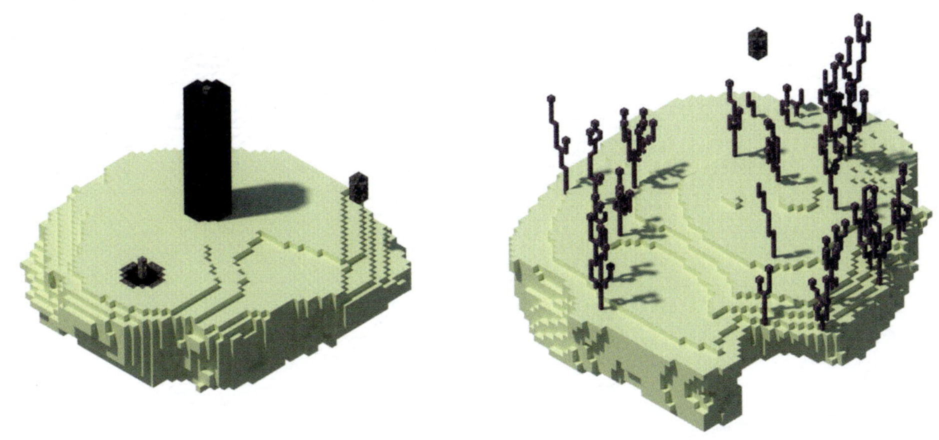

바깥 섬

바깥 섬은 중앙 섬으로부터 약 1,000 블록 떨어진 곳에 있습니다. 보면 알겠지만, 바깥 섬으로 갈 수 있는
게이트웨이 포탈의 크기는 한 블록에 불과합니다. 이 포탈을 통과하려면 입구로 엔더 진주를 던져야 합니다.
이 포탈은 가장 가까운 바깥 섬 중 한 곳으로 이동시켜 줍니다. 그곳에서 나머지 섬들을 탐험할 수 있습니다.

여기에는 몇 가지 유용한 아이템과 처리해야 할
엔더맨과 셜커도 있습니다. 이곳의 지형은 모든
게 비슷비슷해서 쉽게 길을 잃을 수 있습니다.

공허로 떨어지지 않도록 바깥 섬 사이를 다리로
이으세요. 조약돌이 충분하다면 조약돌로 섬
사이에 다리를 만들어 안전하게 여행하세요.

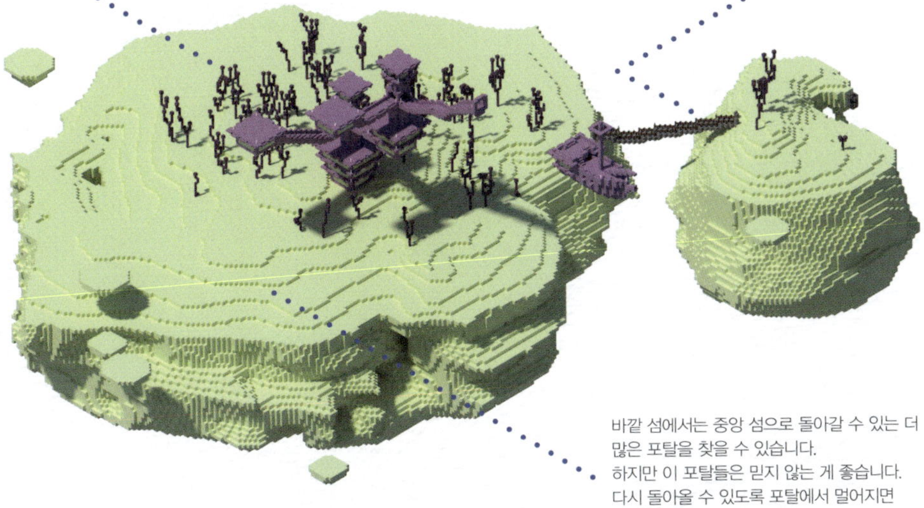

바깥 섬에서는 중앙 섬으로 돌아갈 수 있는 더
많은 포탈을 찾을 수 있습니다.
하지만 이 포탈들은 믿지 않는 게 좋습니다.
다시 돌아올 수 있도록 포탈에서 멀어지면
블록으로 흔적을 남겨두세요.

엔드 시티

엔드 시티는 바깥 섬에서 자연적으로 생성되는 불가사의한 구조물입니다.
엔드 시티는 흔히 생성되는 구조물이 아니기 때문에 찾는 데 시간이 걸릴 수 있습니다.
엔드 시티에서 찾을 수 있는 구조물들을 살펴봅시다.

구조물

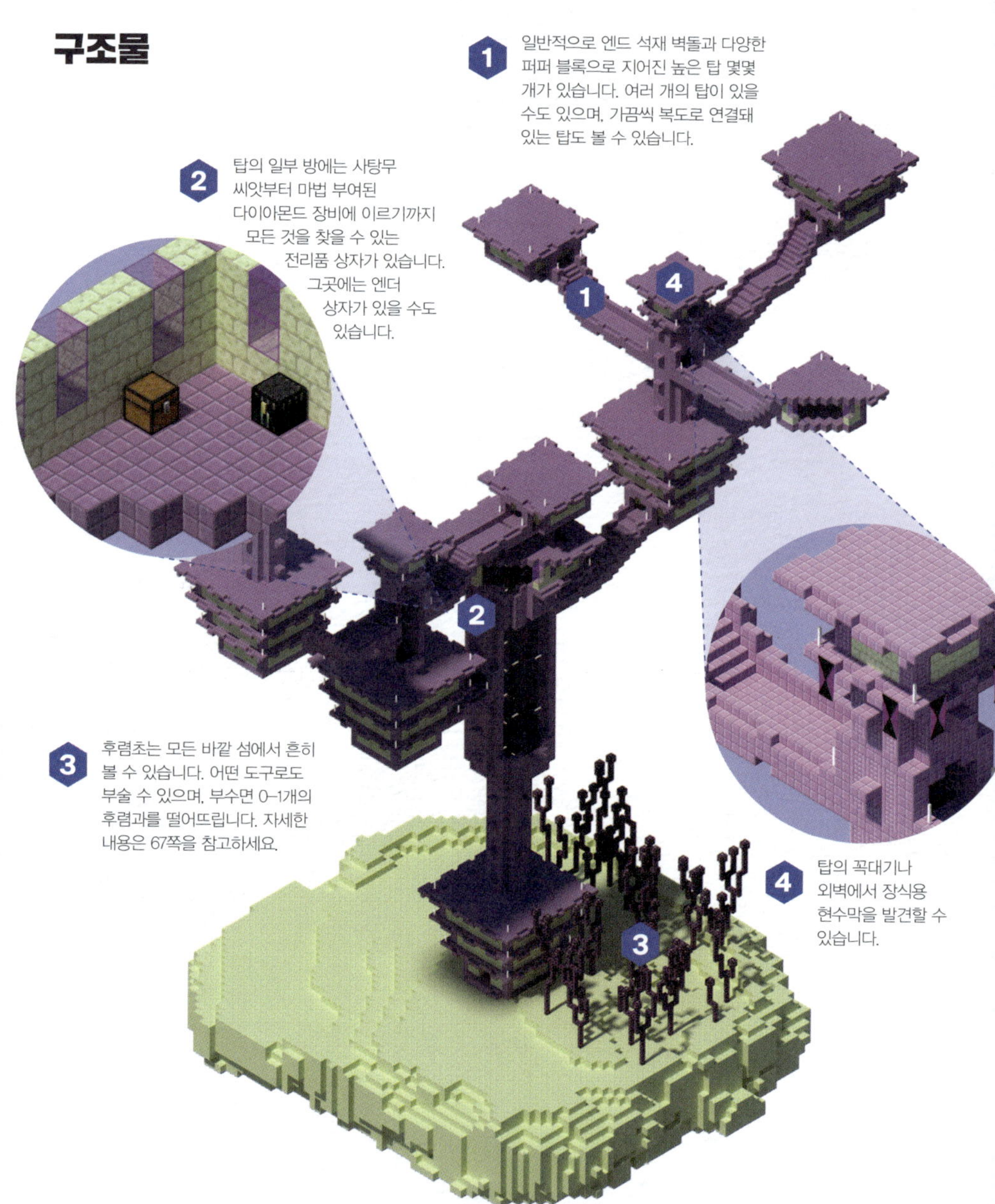

1 일반적으로 엔드 석재 벽돌과 다양한 퍼퍼 블록으로 지어진 높은 탑 몇몇 개가 있습니다. 여러 개의 탑이 있을 수도 있으며, 가끔씩 복도로 연결돼 있는 탑도 볼 수 있습니다.

2 탑의 일부 방에는 사탕무 씨앗부터 마법 부여된 다이아몬드 장비에 이르기까지 모든 것을 찾을 수 있는 전리품 상자가 있습니다. 그곳에는 엔더 상자가 있을 수도 있습니다.

3 후렴초는 모든 바깥 섬에서 흔히 볼 수 있습니다. 어떤 도구로도 부술 수 있으며, 부수면 0–1개의 후렴과를 떨어뜨립니다. 자세한 내용은 67쪽을 참고하세요.

4 탑의 꼭대기나 외벽에서 장식용 현수막을 발견할 수 있습니다.

엔드 시티에 있는 교각 끝에서 엔드 선을 찾을 수 있습니다. 공중에 떠 있는 이 배에 다가가는 가장 쉬운 방법은 교각 끝까지 걸어가 엔더 진주를 던져 순간이동하는 것입니다.

6 엔드 막대는 엔드 시티의 전역에서 발견할 수 있습니다. 엔드 막대는 바깥 섬에서 유일하게 빛을 내는 아이템입니다. 엔드 막대는 어떤 도구로도 캘 수 있습니다. 엔드 선의 앞부분에서는 오직 이곳에서만 생성되는 레어 아이템인 드래곤 머리를 발견할 수 있습니다.

5 엔드 선 안에는 양조장이 있습니다. 양조장에서는 양조기와 큰 부상을 입었을 때 유용한 즉시 회복의 물약 2개를 발견할 수 있습니다. 계단은 양조장과 엔드 선 밑에 있는 보물방을 이어줍니다.

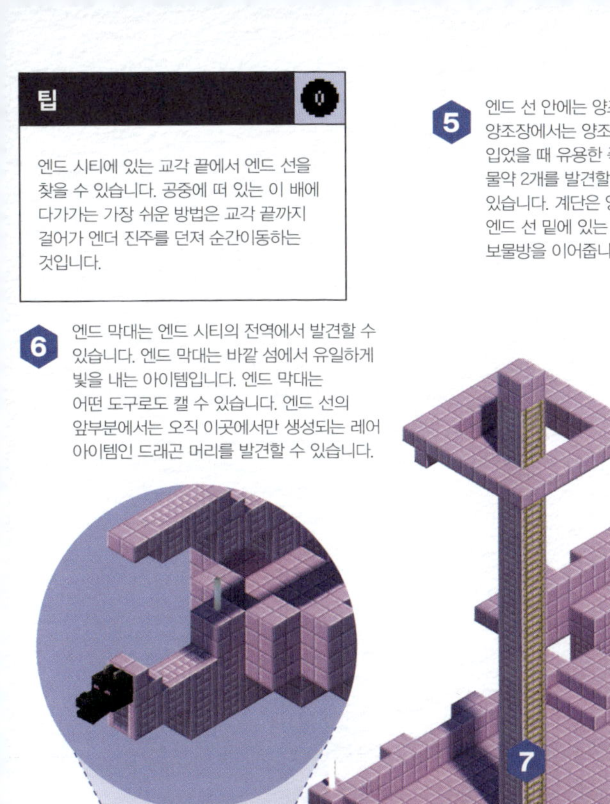

7 엔드 선의 바깥 갑판에는 까마귀 둥지 (망대)로 올라갈 수 있는 사다리와 선미루 갑판으로 이어지는 계단 그리고 선실 입구를 제외하면 아무것도 없습니다.

8 보물 방 안에서는 전리품 상자 2개와 아이템 액자에 걸려있는 겉날개를 발견할 수 있습니다. 겉날개에 대한 자세한 정보는 68–69쪽을 참고하세요. 바닥은 흑요석으로 줄이 쳐져 있습니다. 불행하게도 이 모든 것은 셜커가 지키고 있습니다. 셜커를 상대하는 방법은 64–65쪽을 참고하세요.

엔드 시티는 구조물 블록으로 개발된 첫 번째 건축물 중 하나였습니다. 구조물 블록은 원래 구조물을 저장하고 불러오는 내부 장치였지만, 꽤나 유용해서 창작 도구로 커뮤니티에 공개되었습니다.

셜커

체력	 30	
공격력	4	
물리치는 방법		
떨구는 아이템	0-1	5

밝기
레벨

모장의 말

초기 계획은 엔드 시티를 위해 직접 만들 수 있는 골렘 같은 몹을 만드는 것이었지만, 디자인이 재미있는 방향으로 모아지지 않았습니다. 그런데 갑자기 Jens에게 기막힌 영감이 떠 올랐습니다. 블록 안에 살고 있는 몹이라는 아이디어가 말이죠!

생성 위치

엔드 시티의 고체 블록에 붙어있습니다. 보통 벽에서 생성됩니다.

행동

셜커는 고체 블록에 붙어있습니다. 셜커는 일반적으로 껍데기를 닫은 채로 퍼퍼 블록 사이에 숨어 있습니다.

공격 방법

셜커가 16블록 내에서 공격 대상을 찾으면 껍데기를 열고 공격 대상을 따라가는 발사체를 쏩니다. 이 발사체에 맞으면 4만큼의 공격 피해를 입고, 10초짜리 공중 부양 효과가 생깁니다. 효과가 끝나면 다시 땅으로 떨어져 낙하 피해를 입습니다.

특별한 기술

셜커는 퍼퍼 블록으로 위장합니다. 껍데기가 닫혀 있는 셜커는 용암과 불의 영향 받지 않고, 화살의 영향도 받지 않습니다. 하나의 셜커가 공격받으면 주변에 있는 다른 셜커도 같이 보복합니다. 셜커의 체력이 절반 이하로 떨어지면 자신을 보호하기 위해 순간이동합니다.

셜커 상자 제작법

물리치는 방법

셜커가 껍데기를 열 때까지 기다렸다가 마법 부여된 다이아몬드 검으로 안에 있는 생명체를 공격하세요. 셜커의 발사체는 검, 활과 화살, 손 또는 방패로 막을 수 있습니다.

유용한 떨구는 것들

셜커를 물리치면 셜커 상자를 만드는 데 필요한 셜커 껍데기를 떨어뜨립니다. 이 재미있는 블록은 27개의 저장 슬롯이 있고 아이템을 셜커 상자 안에 넣어서 들고 다닐 수 있습니다. 셜커 상자를 곡괭이로 부숴도 아이템은 상자 안에 그대로 들어있습니다.

엔드의 블록과 아이템 그리고 쓰임새

엔더맨과 셜커를 상대하고 나면 엔드 시티의 특별한 블록과 아이템에 대해 잘 알 수 있게 될 것입니다. 오버월드에서는 이 아이템들로 무엇을 할 수 있는지 살펴봅시다.

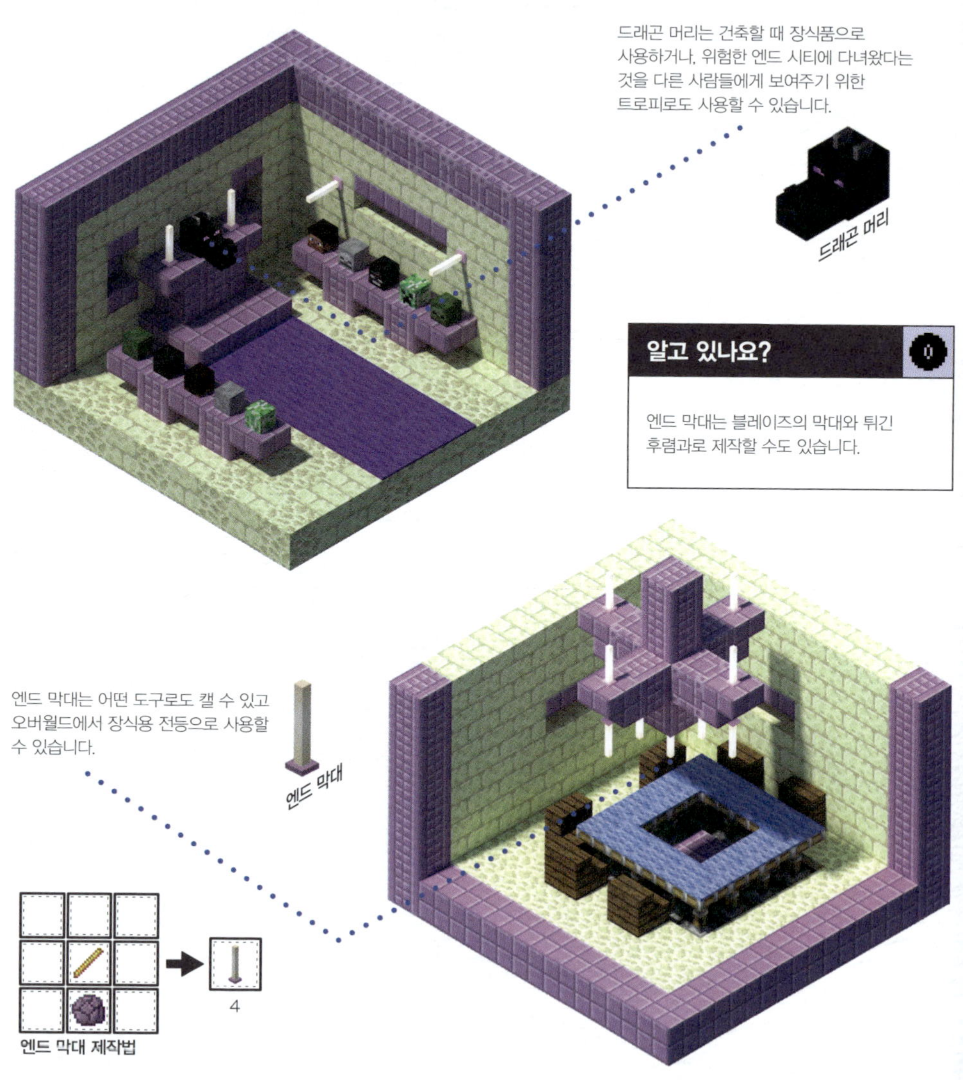

드래곤 머리는 건축할 때 장식품으로 사용하거나, 위험한 엔드 시티에 다녀왔다는 것을 다른 사람들에게 보여주기 위한 트로피로도 사용할 수 있습니다.

드래곤 머리

알고 있나요?

엔드 막대는 블레이즈의 막대와 튀긴 후렴과로 제작할 수도 있습니다.

엔드 막대는 어떤 도구로도 캘 수 있고 오버월드에서 장식용 전등으로 사용할 수 있습니다.

엔드 막대

4

엔드 막대 제작법

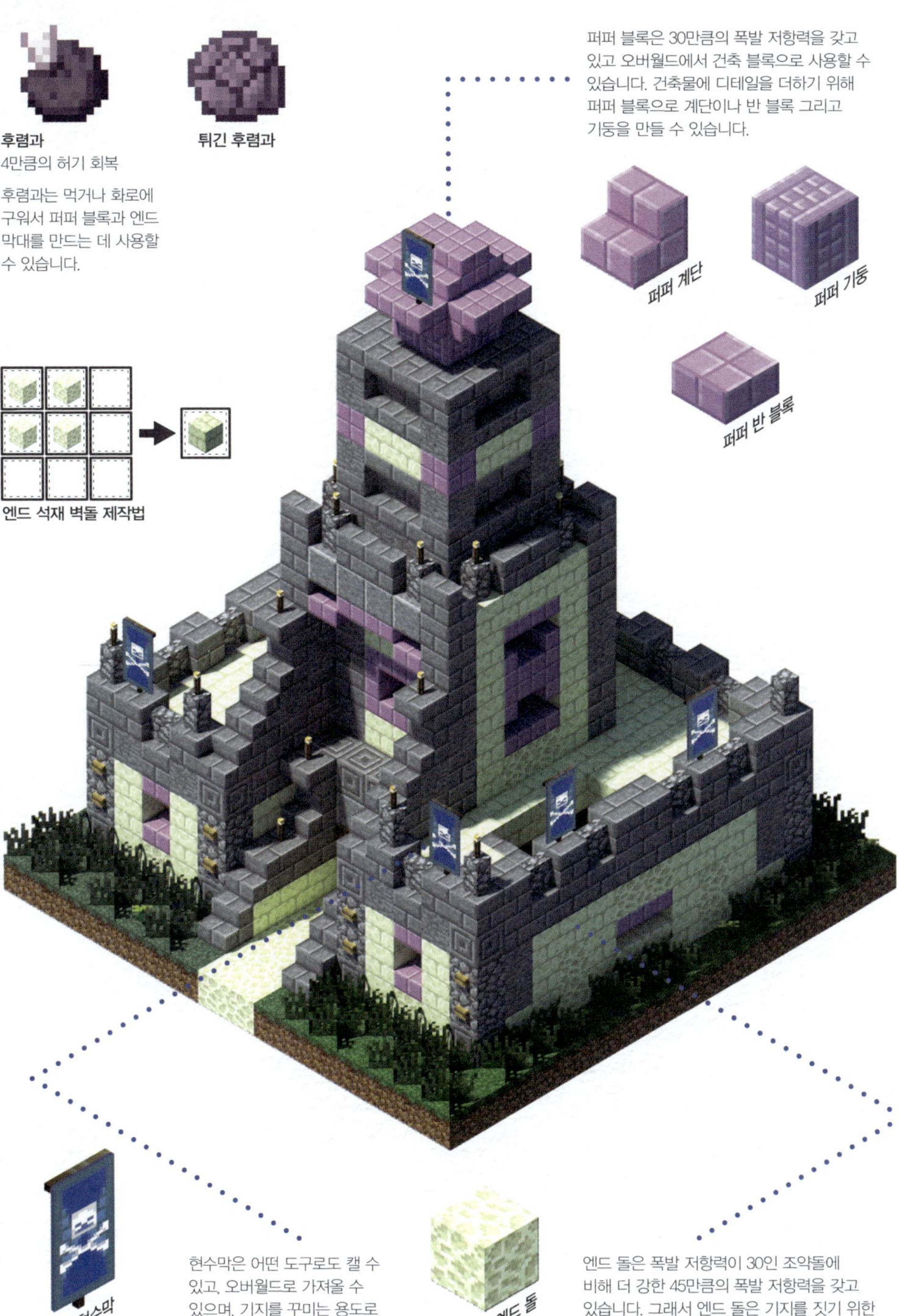

후렴과
4만큼의 허기 회복

후렴과는 먹거나 화로에 구워서 퍼퍼 블록과 엔드 막대를 만드는 데 사용할 수 있습니다.

튀긴 후렴과

엔드 석재 벽돌 제작법

퍼퍼 블록은 30만큼의 폭발 저항력을 갖고 있고 오버월드에서 건축 블록으로 사용할 수 있습니다. 건축물에 디테일을 더하기 위해 퍼퍼 블록으로 계단이나 반 블록 그리고 기둥을 만들 수 있습니다.

퍼퍼 계단

퍼퍼 기둥

퍼퍼 반 블록

현수막

현수막은 어떤 도구로도 캘 수 있고, 오버월드로 가져올 수 있으며, 기지를 꾸미는 용도로 사용할 수 있습니다.

엔드 돌

엔드 돌은 폭발 저항력이 30인 조약돌에 비해 더 강한 45만큼의 폭발 저항력을 갖고 있습니다. 그래서 엔드 돌은 기지를 짓기 위한 최고의 건축 자재입니다.

겉날개

겉날개는 입을 수 있는 날개입니다. 겉날개를 입으면 하늘을 활공할 수 있습니다.
겉날개의 기본 모양은 회색이지만 망토를 달고 있다면 겉날개가 망토의 디자인을 따라갈 것입니다.
이 날개는 서바이벌 모드에서 날 수 있게 해주므로 엔드 시티에 갈 때는 꼭 챙기세요.

사용법

겉날개는 흉갑 슬롯에 장착할 수 있습니다. 준비가 되면 절벽이나 건물 꼭대기 같은 높은 곳에서 뛰어내리세요. 공중에서 한 번 더 점프하면 겉날개가 활성화됩니다. 활공 중일 때 방향을 바꾸려면 단순히 왼쪽이나 오른쪽을 보세요. 속도를 바꾸거나 얼마나 빠르게 내려갈지를 바꾸려면 위와 아래를 보세요.

모장의 말

겉날개는 점프하거나 떨어지는 도중에 활성화해야 하지만, 항상 그래야만 하는 것은 아닙니다. 점프하거나 떨어지기 전에 몹에게 겉날개를 달아주면 몹이 공중으로 순간이동하고, 급하강하는 모습을 볼 수 있습니다. 그러나 겉날개를 항상 활성화시키면 몹은 바위처럼 떨어지게 됩니다. 이건 말도 안된다고 생각한 사용자들의 요구로 지금은 몹에게 겉날개를 달아줄 때 자동으로 겉날개가 활성화되게끔 바뀌었습니다

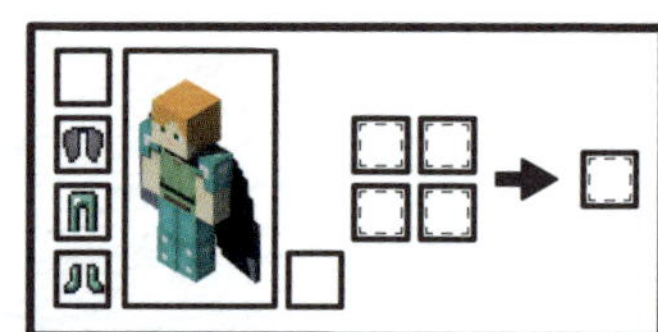

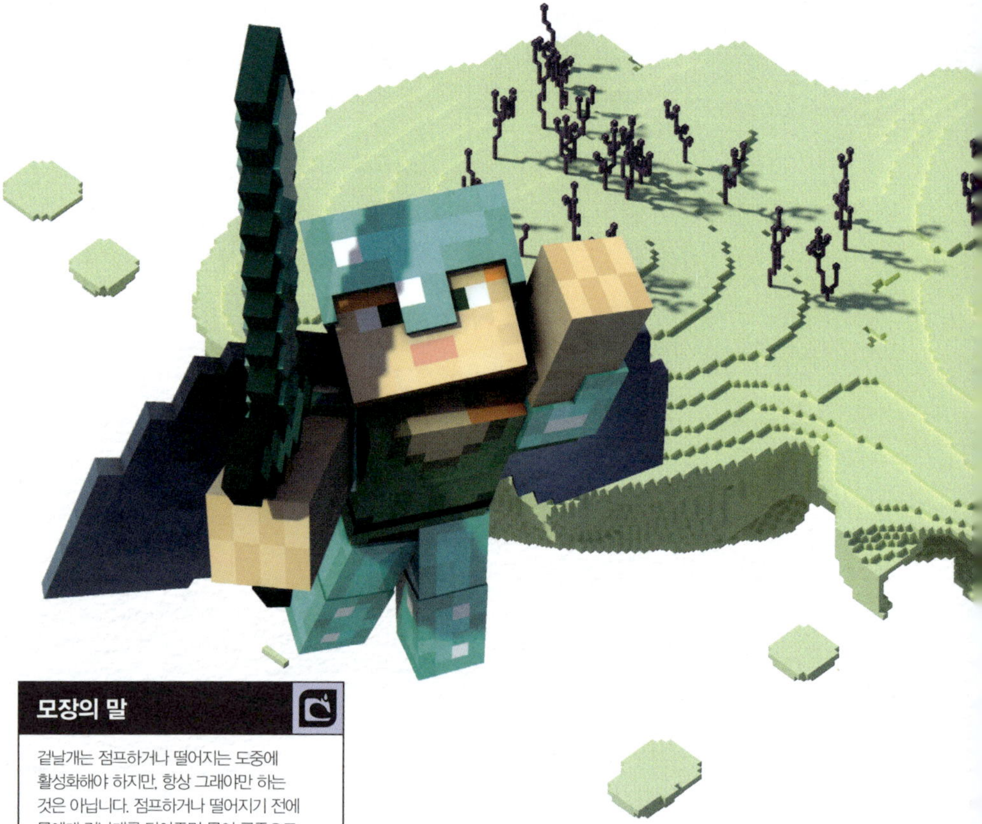

내구도

겉날개의 내구도는 431입니다. 1초에 1씩 내구도가
닳아 겉날개 하나로 최대 7분 11초 동안 활공할 수
있습니다. 내구도가 1에 다다르면 작동을 멈춥니다.

수리

다행스럽게도 겉날개는 수리할 수 있습니다.
내구도가 닳은 겉날개 2개를 모루로 합치거나,
가죽으로 겉날개를 수리할 수 있습니다. 가죽 하나당
108만큼의 내구도를 수리하므로, 하나의 겉날개를
완전히 수리하려면 가죽 4개가 필요합니다.

마법 부여

내구성을 높이기 위해 겉날개에도 내구성이나
수선 같은 마법 부여를 할 수 있습니다.
겉날개로 날아다니다가 죽어서 적이 겉날개를
사용하게 되는 것을 원하지 않는다면 소실 저주 마법
부여를 하세요. 소실 저주 마법 부여된 겉날개를
사용하고 있던 플레이어가 죽으면 그 겉날개는
사라집니다.

엔드에 정착하기

이제 엔드를 정복했으니 엔드를 튼튼한 대규모 기지로 만들어봅시다.
엔드 시티 주변에 있는 중앙 섬으로 되돌아가는 귀환 포탈 덕분에 섬 사이를 왔다 갔다
할 수도 있고, 오버월드로 돌아가 요새에서 아이템을 가져올 수 있습니다.

중앙 섬

중앙 섬을 오랫동안 머무를 수 있는 정착지로
발전시키는 방법을 살펴봅시다.

1 무언가를 짓기 전에 가능한
많은 섬을 밝게 하세요. 그러면
생성되는 엔더맨의 수가 감소할
것입니다. 발광석으로 멋진
전등을 만드세요.

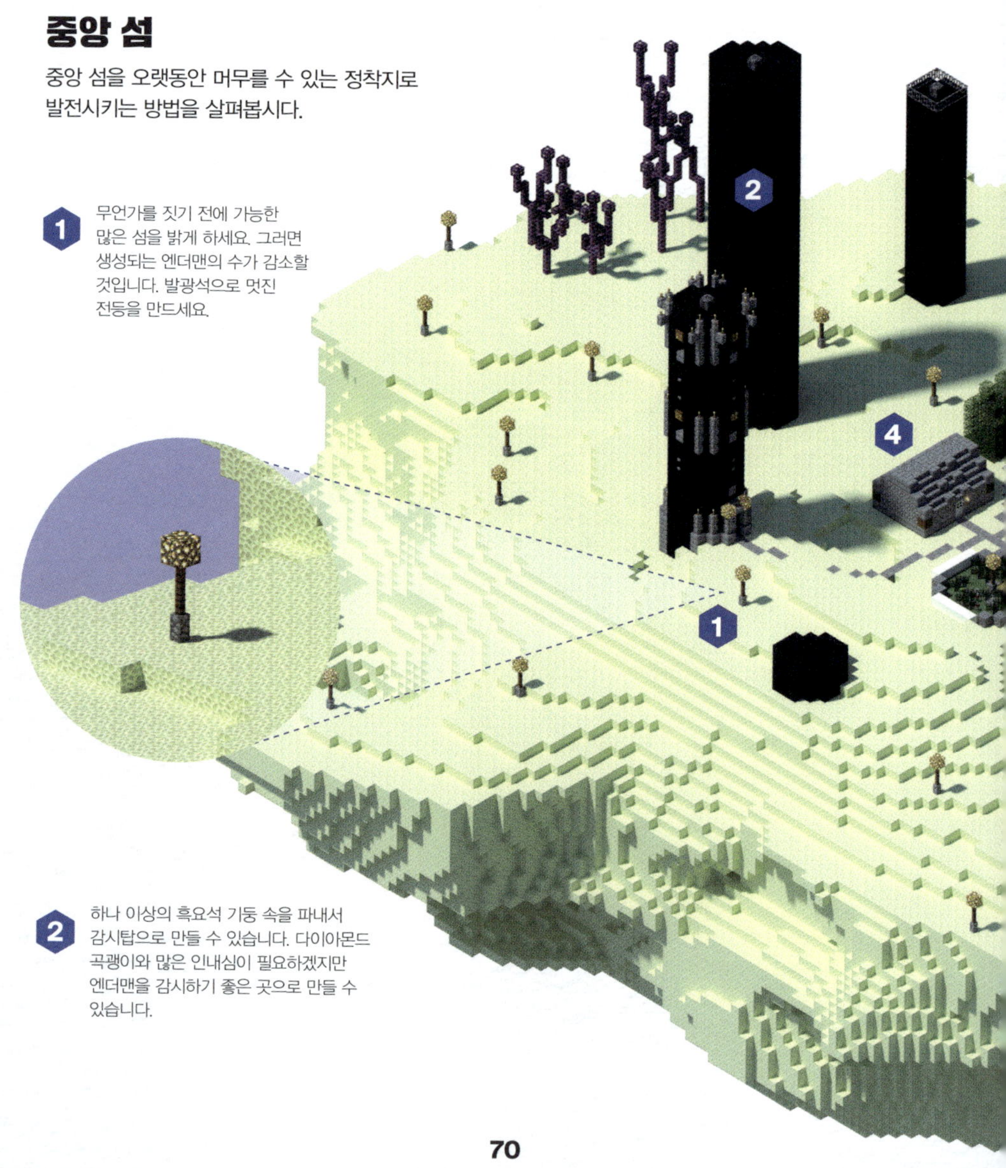

2 하나 이상의 흑요석 기둥 속을 파내서
감시탑으로 만들 수 있습니다. 다이아몬드
곡괭이와 많은 인내심이 필요하겠지만
엔더맨을 감시하기 좋은 곳으로 만들 수
있습니다.

3 실수로 오버월드에 가지 않도록 엔드 포탈 주변에 구조물을 세우세요. 작은 집을 지을 수도 있고 제작, 물약 그리고 마법 부여 같은 것을 할 수 있는 다른 시설들을 넣어 더 큰 건물로 만들 수도 있습니다. 이미 여러분은 엔더 드래곤을 격파하면서 새로운 마법 부여를 하는 데 쓸 수 있는 엄청난 양의 경험치 포인트를 얻었으니까요.

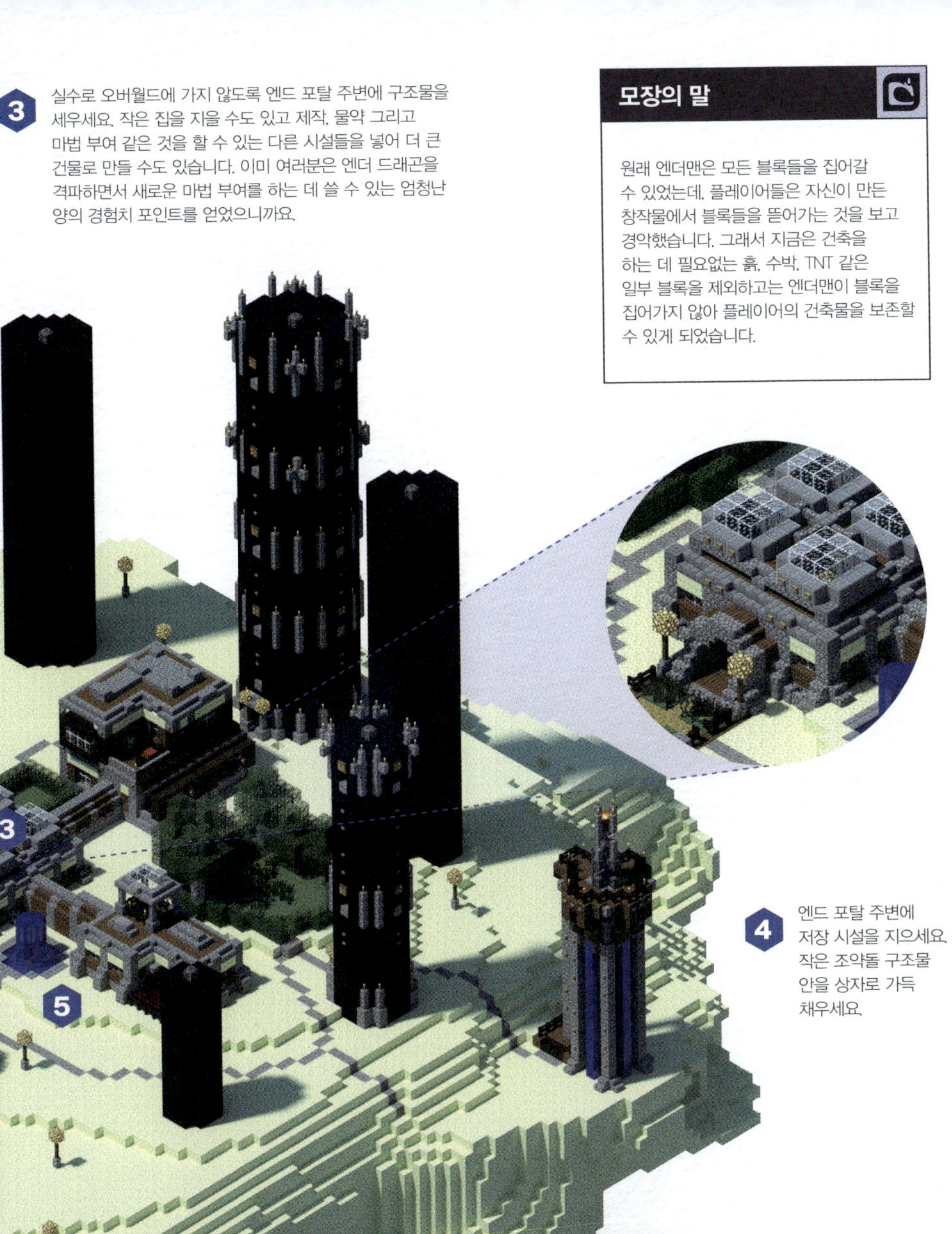

4 엔드 포탈 주변에 저장 시설을 지으세요. 작은 조약돌 구조물 안을 상자로 가득 채우세요.

5 엔더맨 퇴치와 농사를 위해 무한한 물 공급원을 만드세요. 분수는 기능면에서도 좋고, 장식용으로도 좋습니다.

바깥 섬

바깥 섬들 중 엔드에서 자연적으로 생성되는 구조물인 엔드 시티를 확장하는 게 좋습니다.
엔드 시티 주변은 평평하고 빈 공간이 많이 있고, 건축하는 데 사용할 수 있는 엔드 돌도 많이 있습니다.

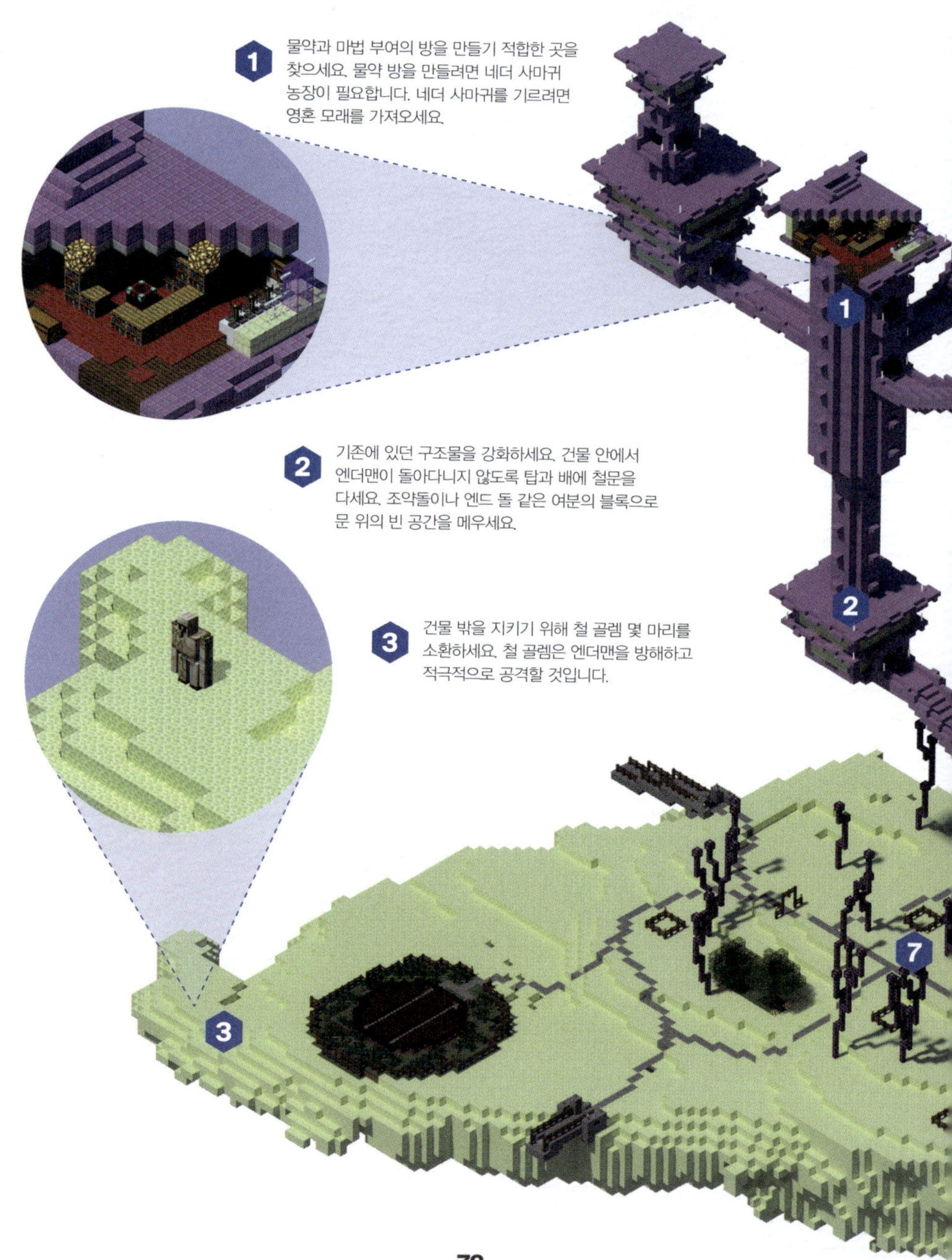

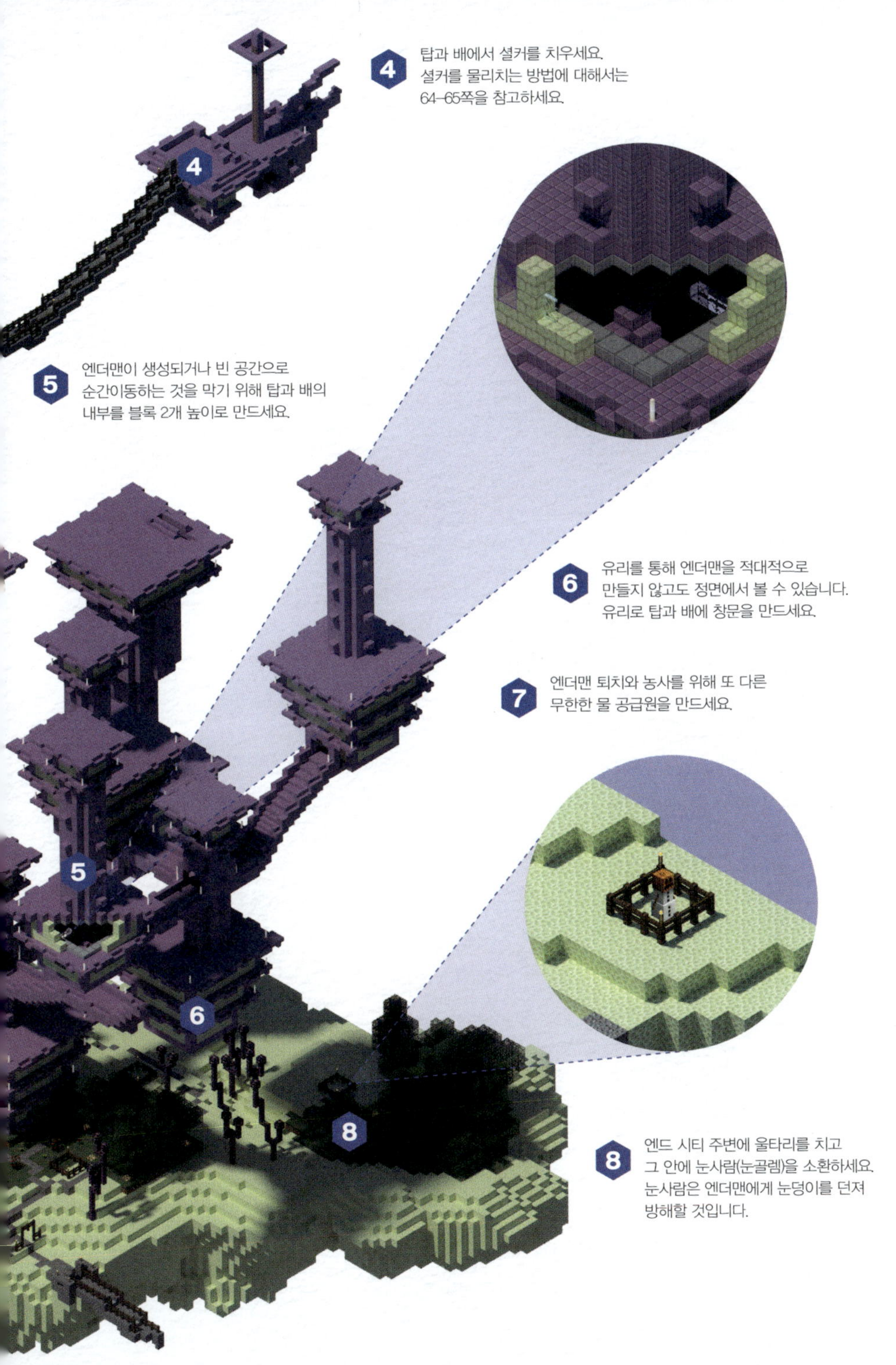

4 탑과 배에서 셜커를 치우세요.
셜커를 물리치는 방법에 대해서는
64–65쪽을 참고하세요.

5 엔더맨이 생성되거나 빈 공간으로
순간이동하는 것을 막기 위해 탑과 배의
내부를 블록 2개 높이로 만드세요.

6 유리를 통해 엔더맨을 적대적으로
만들지 않고도 정면에서 볼 수 있습니다.
유리로 탑과 배에 창문을 만드세요.

7 엔더맨 퇴치와 농사를 위해 또 다른
무한한 물 공급원을 만드세요.

8 엔드 시티 주변에 울타리를 치고
그 안에 눈사람(눈골렘)을 소환하세요.
눈사람은 엔더맨에게 눈덩이를 던져
방해할 것입니다.

바깥 섬

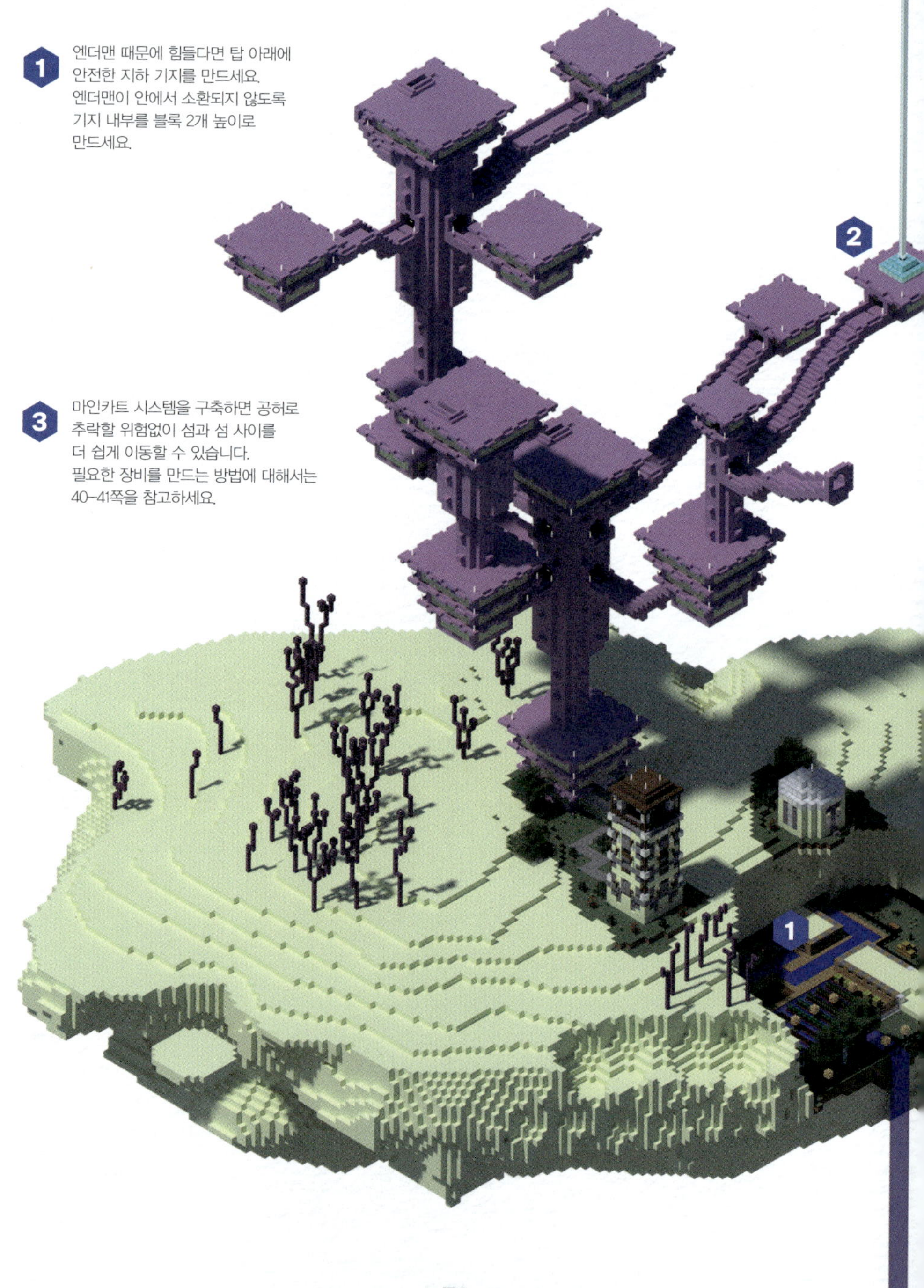

1 엔더맨 때문에 힘들다면 탑 아래에
안전한 지하 기지를 만드세요.
엔더맨이 안에서 소환되지 않도록
기지 내부를 블록 2개 높이로
만드세요.

3 마인카트 시스템을 구축하면 공허로
추락할 위험없이 섬과 섬 사이를
더 쉽게 이동할 수 있습니다.
필요한 장비를 만드는 방법에 대해서는
40~41쪽을 참고하세요.

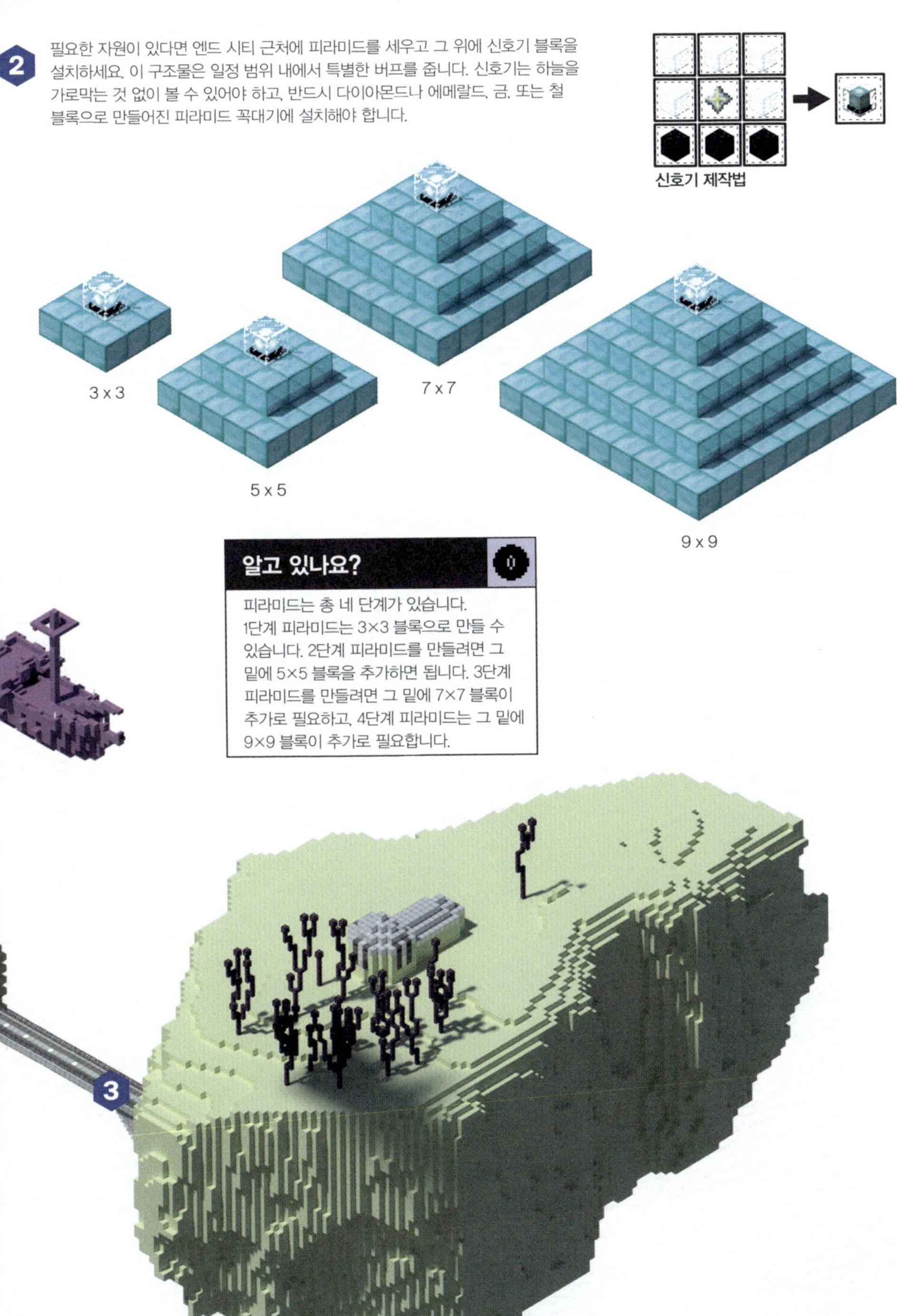

필요한 자원이 있다면 엔드 시티 근처에 피라미드를 세우고 그 위에 신호기 블록을 설치하세요. 이 구조물은 일정 범위 내에서 특별한 버프를 줍니다. 신호기는 하늘을 가로막는 것 없이 볼 수 있어야 하고, 반드시 다이아몬드나 에메랄드, 금, 또는 철 블록으로 만들어진 피라미드 꼭대기에 설치해야 합니다.

알고 있나요?

피라미드는 총 네 단계가 있습니다. 1단계 피라미드는 3×3 블록으로 만들 수 있습니다. 2단계 피라미드를 만들려면 그 밑에 5×5 블록을 추가하면 됩니다. 3단계 피라미드를 만들려면 그 밑에 7×7 블록이 추가로 필요하고, 4단계 피라미드는 그 밑에 9×9 블록이 추가로 필요합니다.

자원

엔드에 오랫동안 있으려면 음식, 나무 그리고 조약돌 같은 자원이 필요할 것입니다.
엔드에서는 작물을 재배하거나, 닭을 키울 수 있으며,
네더와는 다르게 물을 놓을 수도 있습니다. 자원을 만드는 방법을 알아봅시다.

밀, 사탕무, 당근 그리고 감자

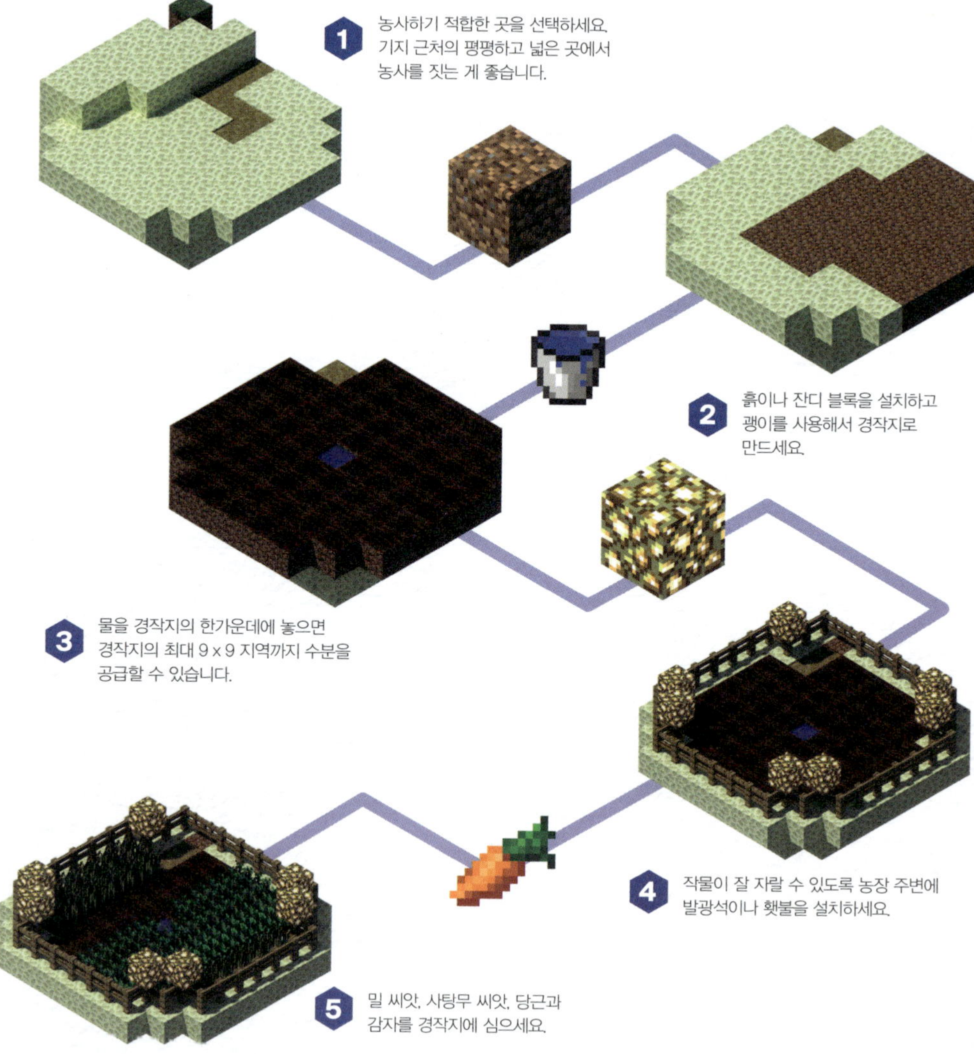

사탕수수
사탕수수는 한쪽 면에 물이 있는
잔디 블록이나 흙 또는 모래 위에서
재배할 수 있습니다.

수박과 호박
수박과 호박은 그저 경작지와 빛
그리고 자란 작물이 놓일 블록이
경작지 바로 옆에 있기만 하면
재배할 수 있습니다.

나무 농장
넓은 공간을 흙으로 덮고, 2블록 간격으로
묘목을 심으세요. 나무가 자라려면 밝기
레벨이 최소 8 이상이어야 하므로 농장 주변에
횃불이나 발광석을 설치하세요. 참나무는 잎을
부수면 가끔씩 사과를 주고, 정글 나무 묘목을
심으면 나무 몸통에서 코코아를 재배할 수
있습니다.

팁

소와 돼지 같은 몹을 밀어서 엔드 포탈을
통해 데려오는 것은 가능은 하지만 쉽지
않습니다. 대신에 엔더 상자를 만들어
오버월드에 하나, 엔드 시티에 하나 설치한
다음 오버월드에서 고기와 다른 동물들이
떨구는 유용한 아이템들을 엔더 상자에
넣으면 엔드 시티에서도 그 아이템을
사용할 수 있습니다.

조약돌 생성기
조약돌은 건물을 짓거나 도구와 무기를
만드는 데 유용합니다. 그런데 조약돌은
엔드에서 자연적으로 생성되지 않습니다.
하지만 흐르는 용암이 물과 닿으면 조약돌이
생성됩니다. 블록 10개 길이의 도랑을 판
다음, 그곳에 물 블록을 설치하고 다른
쪽에는 용암 블록을 설치해서 조약돌
생성기를 만드세요.

꽃
엔드는 척박하고, 식물이 자라기
힘든 곳입니다.
그러니 주변을 밝게 해서 편안한
환경을 만드세요. 오버월드에서
각양각색의 꽃들을 가져와 엔드
시티 주변에 심으세요.

덧붙이는 말

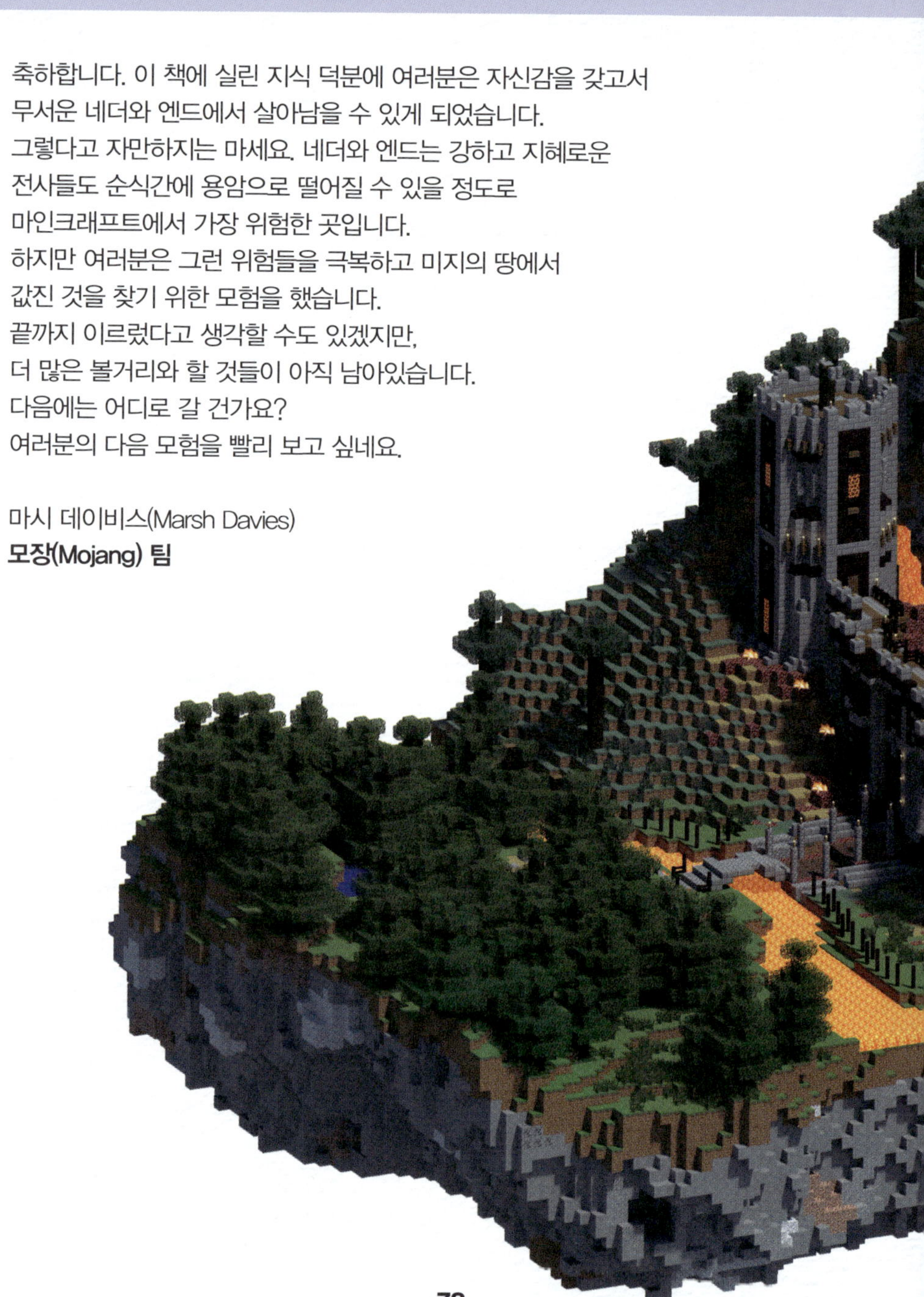

축하합니다. 이 책에 실린 지식 덕분에 여러분은 자신감을 갖고서
무서운 네더와 엔드에서 살아남을 수 있게 되었습니다.
그렇다고 자만하지는 마세요. 네더와 엔드는 강하고 지혜로운
전사들도 순식간에 용암으로 떨어질 수 있을 정도로
마인크래프트에서 가장 위험한 곳입니다.
하지만 여러분은 그런 위험들을 극복하고 미지의 땅에서
값진 것을 찾기 위한 모험을 했습니다.
끝까지 이르렀다고 생각할 수도 있겠지만,
더 많은 볼거리와 할 것들이 아직 남아있습니다.
다음에는 어디로 갈 건가요?
여러분의 다음 모험을 빨리 보고 싶네요.

마시 데이비스(Marsh Davies)
모장(Mojang) 팀